CW00553802

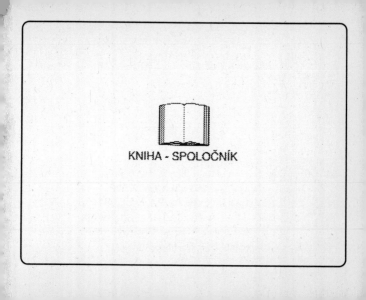

KNIHA - SPOLOČNÍK

Vydalo: © **Mikula s.r.o., 2008**
Autor: © **Mgr. Mária Piťová, 2001**
Obálka a zalomenie: **Ing. Marián Mikula**
Jazyková úprava: **Viera Ondrovičová**
ISBN 978-80-88814-59-7

Mária Piťová

ANGLIČTINA
NA
CESTY

mikula

ÚVOD

Táto príručka je určená tým, ktorí cestujú do krajín, v ktorých sa používa angličtina ako dorozumievací jazyk. Používanie tejto príručky predpokladá základnú znalosť a základnú slovnú zásobu anglického jazyka. Jej cieľom je pomáhať používateľovi orientovať sa v bežných hovorových situáciách. Každá téma tvorí samostatný celok a jej snahou je priblížiť používateľovi základnú terminológiu bežného rozhovoru.

Autor

OBSAH

Číslovky / Numeral 7

Určovanie času / Time .10

Dni, mesiace, ročné obdobia / Days, Months, Seasons .13

Farby / Colours 17

Počasie / Weather 20

Informácie / Information 23

Oznámenia a upozornenia / Public Notices . . .27

Na pošte / At the Post Office 35

Telefonovanie / Telephoning 39

U lekára / At the Doctor´s 43

Vzduch / Air 56

Vlak / Train 67

More / Sea 92

Auto / Car 103
Ubytovanie / Accommodation 138
Reštaurácia / Restaurant 164
Jedlá / Meals 184
Orientácia v meste / Getting About Town 217
Nákupy / Shopping 232
Dovolenka / Holiday .238
Šport / Sports 249
Vzdelanie / Education 271

ČÍSLOVKY   **NUMERAL**

1	one	18	eighteen
2	two	19	nineteen
3	three	20	twenty
4	four	21	twenty-one
5	five	22	twenty-two
6	six	23	twenty-three
7	seven	24	twenty-four
8	eight	25	twenty-five
9	nine	26	twenty-six
10	ten	27	twenty-seven
11	eleven	28	twenty-eight
12	twelve	29	twenty-nine
13	thirteen	30	thirty
14	fourteen	40	forty
15	fifteen	50	fifty
16	sixteen	60	sixty
17	seventeen	70	seventy

80	eighty	1,000	a thousand
90	ninety	1,000,000	a million
100	a hundred		

URČOVANIE ČASU **TIME**

sekunda	second
minúta	minute
hodina	hour
Koľko je hodín?	What is the time?/What time is it?
Sú 2 hodiny aj 5 minút ráno (poobede).	It´s five past 2 o´clock a.m. (p.m.).
Je štvrť na 3 ráno (poobede).	It´s a quarter past 2 o´clock a.m. (p.m.).
Je o 10 minút pol tretej ráno (poobede).	It´s twenty past 2 o´clock a.m. (p.m.).
Je pol tretej ráno (poobede).	It´s half past 2 o´clock a.m. (p.m.).
Je pol tretej aj 10 minút ráno (poobede).	It´s twenty to 3 o´clock a.m. (p.m.).
Je trištvrte na 3 ráno (po-obede).	It´s a quarter to 3 o´clock a.m. (p.m.).
Je o 5 minút tri ráno (po-	It´s five to 3 o´clock a.m. (p.m.).

obede).
Sú tri hodiny ráno (poobede).   It´s 3 o´clock a.m. (p.m.).

**DNI, MESIACE, ROČNÉ OBDOBIA
DAYS, MONTHS, SEASONS**

pondelok	Monday
utorok	Tuesday
streda	Wednesday
štvrtok	Thursday
piatok	Friday
sobota	Saturday
nedeľa	Sunday
...pred troma dňami...	...three days ago...
...pred týždňom...	...a week ago...
...pred mesiacom...	...a month ago...
...o dva dni...	...in two days...
...o týždeň...	...in a week...
...o mesiac...	...in a month...
...týždeň...	...a week...
...minulý týždeň...	...last week...
...budúci týždeň...	...next week...
...dnes...	...today...

...včera...	...yesterday...
...predvčerom...	...the day before yesterday...
...zajtra...	...tomorrow...
...pozajtra...	...the day after tomorrow...
január	January
február	February
marec	March
apríl	April
máj	May
jún	June
júl	July
august	August
september	September
október	October
november	November
december	December
jar	spring

leto	summer
jeseň	autumn
zima	winter

FARBY　　　　　　　　**COLOURS**

svetlý	light
tmavý	dark
biela	white
čierna	black
hnedá	brown
červená	red
zelená	green
modrá	blue
žltá	yellow
šedá	grey
krémová	cream
oranžová	orange
zlatá	gold
ružová	pink
fialová	purple
strieborná	silver
svetlomodrá	light blue

tmavomodrá	dark blue
modrozelená	blue green

POČASIE   **WEATHER**

Dnes je pekne, však?	Nice today, isn´t it?
Dnes je teplejšie, však?	Warmer today, isn´t it?
Dnes je zimšie, však?	Colder today, isn´t it?
pekný deň	nice/fine day
jasný	clear/bright
mrak	cloud
zatiahnutá obloha	cloudy sky
Mám pekné počasie.	I´m having a spell of fine weather.
dusné počasie	sultry weather
Je veľká zima.	It´s very cold.
Je hrozná zima.	It´s freezing cold.
Je mi zima.	I´m cold.
...triasť sa od zimy...	...shiver with cold...
Mrzne.	It´s freezing cold.
Sneží.	It´s snowing.
Dnes je hustá hmla.	It´s quite foggy today.

Je zatiahnuté.	It´s overcast.
Vyzerá, že bude pršať.	It looks like rain.
Mrholí.	It´s drizzling.
Je mokro.	It´s wet.
Prší dosť silno.	It´s raining quite hard.
Leje.	It´s pouring.
Padá sneh a dážď.	It´s sleeting.
búrka	storm
blesk	a flash of lightning
víchrica	gale
dúha	rainbow
Aké bude počasie?	What will the weather be like?
Pršať nebude.	There´ll be no rain.
Vyjasní sa.	It will clear up.

INFORMÁCIE   INFORMATION

cesta, cestovanie	journey
...cestovať...	...make a journey/travel...
cestujúci	traveller
spolucestujúci	fellow-traveller
pasažier/cestujúci	passenger
...cestovať do... cez...	...travel to... via...
...prerušiť cestu (kde)...	...interrupt the journey (at)...
dvojhodinové meškanie	a delay of up to two hours
cestovná kancelária	travel agency
informácia o ceste	travel information
...chcem ísť...	...I want to go...
...chcem cestovať...	...I want to travel...
Ako sa dostanem do...?	How do I get to...?
Ako tam mám cestovať (vlakom, autobusom, lietadlom, vlastným autom)?	How am I to get there (by train, bus, airplane, by my own car)?
Ktorá cesta vedie do...?	Which is the way to...?

Ktorou najkratšou cestou sa dostanem do...?	Which is the shortest route to...?
V akom stave je hradská do...?	What is the road like to...?
Je tá cesta dobre zjazdná?	Is the road good for driving?
Je táto cesta dosť široká?	Is that road sufficienty wide?
Má cesta veľké stúpanie?	Is it a very steep climb?
Ako ďaleko je odtiaľto do...?	How far is it from here to...?
Koľko kilometrov je do...?	How many kilometres is it to...?
Ktorým smerom musím ísť?	In which direction have I to go?
Kde musím odbočiť?	Where have I to turn off?
Ako sa volá najbližšie mesto	What is the nearest town called?
Je to ďaleko?	Is it far?
Je tam nejaká obchádzka?	Is there any kind of diversion?
Prosím, ukážte mi cestu na mape.	Please, show me the way on the map.
Kde sme podľa mapy?	Where are we on the map?
Nechcem cestovať v noci.	I don´t want to travel by night.

bez zastávky	non-stop
občerstvenie	refreshment
vlak nadväzujúci na lodné spojenie	boat-train
zábavná cesta po mori	cruise
colná prehliadka	customs examination
pasová kontrola	passport control
podliehajúci clu	dutiable
cestujúci idúci priamo	through passenger
...pociťovať nevoľnosť na cestách...	...be travel-sick...
nevoľnosť pri cestovaní	travel-sickness
tranzitné vízum	transit visa

OZNÁMENIA A UPOZORNENIA
PUBLIC NOTICES

nápis	inscription
Zákaz fajčiť!	No smoking.
Prvá pomoc.	First aid.
Vstup len pre zamestnancov.	No entry.
Prosím, zatvorte dvere!	Please close the door.
Nedotýkať sa!	Do not touch.
Pozor!	Caution. Warning.
Pozor, vlak!	Beware of the trains.
Pozor, schod.	Mind the step.
Hasiaci prístroj	Fire extinguisher.
Zákaz kladenia ohňa.	Fire making prohibited.
Verejný oznam.	Public notice.
Nestúpajte po tráve!	Do not walk on the grass.
Nevstupujte!	No admittance.
Vchod.	Entrance. Way in.
Východ.	Exit. Way out.
Núdzový východ.	Emergency exit.

Zakázaný vchod (východ).	No entry (exit).
Zakázaný východ.	No way out.
Životu nebezpečné!	Danger.
1. poschodie.	First floor.
Príchod.	Arrival.
Odchod.	Departure.
Dámy.	Ladies.
Páni.	Gentlemen.
Ženy.	Women.
Muži.	Men.
Vstup zakázaný.	No entry.
Zatvorené.	Closed.
Priechod zakázaný.	Crossing the line is strictly forbidden.
Choďte vpravo!	Walk on the right.
Žiadame cestujúcich, aby ne...	Passengers are requested not to...

Zhasnite svetlo!	Turn off the light.
Hlavná stanica.	Main station.
Úschovňa batožiny.	Left luggage office.
Nevykláňajte sa z okna!	Do not lean out of the window.
Neodhadzujte odpadky (z okna)!	Do not throw litter (out of the window).
Lôžkový (spací) vozeň.	Sleeping car.
Ležadlový vozeň.	Couchettes.
Pre fajčiarov.	Smoking. Smoking permitted.
Fajčiarsky vozeň.	Smoker.
Pre matky s deťmi.	For mothers with children.
Jedálny vozeň.	Dining car.
Cenová skupina.	Price grade.
Cestujúci žiadajú, aby...	Travellers are requested to...
Nepoužívajte WC, kým je vlak v stanici.	Please do not use WC when train is standing in station.
Miesta na státie.	Standing room only.

Zákaz prechodu cez koľaje mimo podchodu (mostu).	Passengers are not allowed to cross the rail (line) except by subway (footbridge).
Ťahať!	Pull.
Tlačiť!	Push.
Výťah len pre tri (3) osoby.	Lift for three (3) persons only.
Obchádzka!	Diversion.
Pohostinstvo.	Restaurant.
Otvorené do 24. hod.	Open bill midnight.
Otváracie hodiny.	Hours of business.
Zaklopať!/Zazvoniť!	Please knock./Ring.
Dovolenka - zatvorené.	Closed for holidays.
Dúfame, že hostia nebudú fajčiť počas obeda.	The guests are not expected to smoke during dinner.
Občerstvenie.	Refreshments.
Potraviny.	Foodstuffs.
Hostinec.	Public house (bar).

Výčap.	Tap-room (bar)
Mliečny bar.	Milk-bar.
Mäso.	Meat.
Zastávka.	Bus-stop. Train-stop.
Stanovište taxíkov.	Taxi stand.
Jednosmerná premávka.	One-way traffic.
Jednosmerná ulica.	One-way street.
Čerstvo natreté.	Wet paint.
Umyváreň.	Wash and brush up.
Umývadlo.	Wash-basin.
Záchod.	Lavatory (W.C).
Splachovanie.	Flush.
Verejné záchody.	Public lavatories.
Pitná voda.	Drinking water.
Odpadkový kôš.	Litter (Rubbish).
Obsadené.	Engaged.
Ticho, prosím!	Silence please.

Hovorte potichu!	Speak quietly.
Pripútajte sa!	Fasten your belts!
Pokladnica.	Cash desk.
Výdaj cestovných lístkov.	Travel tickets here.
Chodci, choďte vľavo!	Pedestrians keep to the left.
Pohotovostná služba.	Emergency service.
Pozor, zlý pes.	Beware of the dog.
Priechod pre chodcov.	Path for pedestrians.
Cestná služba.	Breakdown service.
Kúpanie zakázané.	Bathing prohibited.
Netrhajte kvety!	Do not pick the flowers.
Narábať s ohňom zakázané.	No matches allowed on the premises.
Celodenná a celonočná prevádzka.	24 Hour service.
Zákaz...	It´s forbidden to...
Neposlúchnutie sa trestá.	Trespassers will be prosecuted.

Zákaz vylepovania plagátov.	Stick no bills.
Na prenajatie.	To let.
Na prenájom.	For hire.
Na predaj.	For sale. To bed sold.
(Zariadená) izba na prenajatie.	(Furnished) Room to let.
Policajná stanica.	Police station.
Výťah	Lift. (elevator).
Vchod vedľa.	Entrance next door.
Psi iba na vodítku.	Dogs allowed only on leads.

NA POŠTE   **AT THE POST OFFICE**

Hlavná pošta	Main Post Office
poštár	postman
poštovné	postal charge
...odoslať...	...post...
...poslať list...	...send a letter...
...poslať list doporučene...	...send a letter by recorded delivery...
...doručiť poštu...	...deliver mail...
potvrdenie	receipt
pohľadnica	picture postcard
korešpondenčný lístok	postcard
smerovacie číslo	postcode
...vložiť do obálky...	...put in an envelope...
...podpísať...	...sign...
...podpísať prevzatie listu...	...sign for a letter...
...napísať spiatočnú adresu...	...write the sender´s address...
...nalepiť známku...	...stick a stamp...

...zalepiť...	...seal...
razítko	postmark
balík	parcel
balíček	packet
...vyzdvihnúť si balík...	...call for a parcel...
...zabaliť do papiera...	...wrap in paper...
...previazať...	...tie...
...nalepiť nálepku...	...put a label on...
Pozor sklo.	Fragile./Glass.
Nenakláňať.	This side up.
poštová poukážka	postal order
poštová schránka (na ulici)	pillar-box
...vyberať schránku...	...clear the postbox...
...vhodiť do schránky (v dome)...	...drop in the letterbox...
Ďakujem za pohľadnicu.	Thanks for your picture postcard.
Bol som rád, že si napísal.	I was glad to hear from you.

Musíš nás navštíviť.
Moji rodičia Ťa nechávajú
pozdravovať.

You must come and visit us.
My parents send their best wishes.

TELEFONOVANIE   **TELEPHONING**

...vyhľadať číslo v telefónnom zozname...	...look up the number in the telephone directory...
...zavolať na informácie...	...call directory enquiries...
...zatelefonovať...	...ring up...
...telefonovať...	...call...
telefón	phone
telefónna búdka	call box/phone box/telephone box
Zavolaj mi.	Give me a call.
miestny hovor	a local call
medzimestský hovor	a long-distance call
hovor na výzvu	fixed time call
hovor na účet volaného	transferred charge call
bleskový hovor	urgent call
...vytočiť číslo...	...dial the number...
...vytočiť zlé číslo...	...dial the wrong number...
oznamovací tón	dialling tone

vyzváňací tón	ringing tone
obsadzovací tón	engaged tone
...zdvihnúť slúchadlo...	...lift the receiver...
...položiť slúchadlo...	...put down the receiver...
...vytočiť smerové číslo...	...dial the code...
Linka je obsadená.	The line is engaged./The line is busy.
Nie je dobre rozumieť.	It´s a bad connection.
Hovorte nahlas.	Speak up.
Rád by som u Vás nechal odkaz.	I´d like to leave a message with you.
Spojím Vás...	I´ll put you...
Držte linku.	Hold the line, please./Hold on, please.
Skúsim Vás spojiť.	I´m trying to connect you.
Počkáte, alebo zavoláte znova?	Would you like to hold on or will you call back?

Položte, o niekoľko minút Vám zavolám znova.	Hang up, please. I´ll call you back in a few minutes.
Telefón je pokazený.	The phone is broken.
Koľko to stojí?	What´s the charge?

U LEKÁRA   **AT THE DOCTOR´S**

Som zdravý.	I´am healthy./I´m well.
Cítim sa zle.	I feel bad.
Je mi zle.	I feel sick.
Som chorý.	I´m ill.
Som vážne chorý.	I´m seriously ill.
choroba	disease
porucha	disorder
bolesť	pain/ache
...mať bolesť hlavy...	...have a headache...
Bolí ma hlava.	I have a headache.
...mať bolesť zubov...	...have a toothache...
Bolia ma zuby.	I have a toothache.
...mať bolesť žalúdka...	...have a stomachache...
Bolí ma žalúdok.	I have a stomachache.
...bolieť...	...hurt...
bolestivý	painful
bezbolestný	painless

To bolí.	That´s hurts.
duševná porucha	mental disorder
...zhoršovať sa...	...grow worse...
...zlepšovať sa...	...get better...
...cítiť sa oveľa lepšie...	...feel much better...
...uzdraviť sa...	...get well...
vyliečiteľný	curable
nevyliečiteľný	incurable
chronický	chronic
Nie je to nič vážne.	It´s nothing serious.
teplota	temperature
...mať teplotu...	...have a temperature...
Mám teplotu.	I have a temperature.
...potiť sa...	...perspire...
...zvracať...	...vomit...
Nemám teplotu.	I haven´t got a temperature.
Teplota mi stúpla.	My temperature has risen.

Teplota mi klesla.	My temperature has dropped.
...dostať nádchu...	...catch a cold...
...byť nachladnutý...	...have a cold...
Som nachladnutý.	I have a cold.
Bolí ma hrdlo.	I have a sore throat.
Tečie mi z nosa.	I have a running nose.
Ležím s chrípkou.	I´m down with the flu.
...kýchať...	...sneeze...
...kašľať...	...cough...
lekár	doctor/physician
sestrička	nurse
pacient	patient
...ísť k lekárovi...	...go to the surgery...
ordinačné hodiny	hours of surgery
Som objednaný.	I have an appointment.
...podrobiť sa lekárskej pre-hliadke...	...have a medical examination...

karta	a record
...zavolať sanitku...	...call an ambulance...
Aké máte ťažkosti?	What's the matter with you?
Aké sú Vaše príznaky?	What are the symptoms?
Cítite nejakú bolesť?	Do you feel any pain?
Aké máte bolesti?	What are you suffering from?
Máte ešte nejaké iné ťažkosti?	Have you got any other difficulties?
Otvorte ústa.	Open your mouth wide.
Vyplazte jazyk.	Put out your tongue.
Dýchajte zhlboka.	Take a deep breath.
Musíte zostať v posteli.	You must stay in bed.
Musíte užívať tabletky.	You must take these pills.
Musíte len oddychovať.	You must have a complete rest.
liek	drug/medicament
...predpísať liek...	...prescribe a medicine...
dávka	dose

Choroby	Illnesses
artritída	arthritis
astma	asthma
nádcha	cold
cukrovka	diabetes
záškrt	diphtheria
zápal slepého čreva	appendicitis
epilepsia	epilepsy
žlčové kamene	gall-stones
srdcová chyba	heart-trouble
opar	herpes
žltačka	jaundice
lepra	leprosy
tetanus	Lockjaw
malária	malaria
osýpky	measles

zápal mozgových blán	meningitis
mŕtvica	paralyses
čierny kašeľ	whooping cough
zápal plúc	pneumonia
otrava	poisoning
obrna	polio
otrava krvi	sepsis
pásomnica	tapeworm
chrípka	the flu
tuberkulóza	tuberculosis
vred	ulcer
rakovina	cancer
...otlak na nohe...	...bunion...
...mozoľ...	...callus...
...kurie oko...	...corn...
Odrel som si nohu.	I bruised my leg.
...hnis...	...the matter...

...bradavica...	...a wart...
...materské znamienko...	...a mole...
...uhry...	...blotches...
...trávenie...	...digestion...
...zápcha...	...constipation...
...hnačka...	...diarrhea...
...pálenie záhy...	...heartburn...
...červené oči...	...red-rimmed eyes...
...slintať...	...drivel...
...mať vetry...	...pass wind...
...zvracať...	...vomit...
...kýchať...	...sneeze...
...dostať závrat...	...get dizzy...
...šušľať...	...lish...
...koktať...	...stammer...
...kašľať...	...cough...
...potiť sa...	...perspire...

...mrkať očami...   ...twinkle...

Časti ľudského tela

Parts of Human Body

lebka	skull
hlava	head
koža na hlave	scalp
tvár	face
vlasy	hair
čeľusť	jaw
horná čeľusť	upper jaw
dolná čeľusť	lower jaw
mozog	brain
brada	chin
uši	ears
ušný bubienok	ear drum
oko	eye

dúhovka	iris
obočie	eyebrow
očné viečko	eyelid
nos	nose
čelo	forehead
spánky	temples
ústa	mouth
zuby	teeth
jazyk	tongue
pery	lips
krk	neck
krčné mandle	tonsils
hrdlo	throat
hrtan	larynx
hltan	pharynx
štítna žľaza	thyroid gland
ramená	shoulders

lopatky	shoulder-blades
kľúčna kosť	collar-bone
miecha	spinal cord
rameno	arm
ruka	hand
zápästie	wrist
dlaň	palm
lakeť	elbow
prsty	fingers
nechty	fingernails
prsia	breast
prsník	woman´s breast
prsné bradavky	nipples
srdce	heart
priedušky	bronchi
pľúca	lungs
pohrudnica	pleura

brucho	abdomen
žalúdok	stomach
žlčník	gall-bladder
slepé črevo	appendix
močový mechúr	bladder
močová trubica	urethra
konečník	rectum
boky	hips
chrbtica	spine
ľadvina	kidney
pečeň	liver
pupok	navel
noha	leg
stehno	thigh
stehenná kosť	thigh-bone
holenná kosť	shin-bone
lýtko	calf

členok	ankle
chodidlo	foot
päta	heel
prsty na nohách	toes
kíby	joints
krv	blood
kosti	bones
koža	cutis/skin
svaly	muscles

VZDUCH　　　　　AIR

cestovanie lietadlom	travelling by aeroplane
...cestovať letecky, letieť...	...travel by air...
...letieť...	...fly...
...byť letecky prepravený (kam)...	...be flown (to)...
lietadlo	plane/aeroplane/aircraft
dopravné lietadlo (na pravidelnej linke)	airliner
prúdové lietadlo	jet plane
podzvukový	subsonic
nadzvukový	supersonic
nadzvukové dopravné lietadlo	supersonic airliner
vrtuľa	propeller
krídla	wings
motor	engine
letisko	airport
príletová hala	arrival lounge

odletová hala	departure lounge
trasa	route
plánovaná doba letu	scheduled
miestny rozhlas	public address system (PA)
...oznámiť miestnym rozhla-som...	...announce over the P.A. sys-tem...
...informovať sa o letovom po-riadku...	...inquire about the flight schedu-le...
letenka	flight ticket/air ticket
zoznam cestujúcich	passenger list
let pravidelnou linkou (do)	sheduled flight (to)
let špeciálnou linkou	chartered flight (to)
prvá trieda	first class
turistická trieda	economy class/tourist class
formality pred odchodom	pre-departure check-in
...zhromaždiť sa pri východe...	...assemble at the exit...
...zapísať a odovzdať bato-	...check in the luggage...

58

žinu...

...dať batožiny na váhu...	...put the bags on the scale...
poplatok za nadmernú váhu (batožiny)	charge for excess weight
...nastúpiť do lietadla...	...board the plane...
posledná výzva	final call
...rolovať po štartovacej dráhe...	...taxi along the runway...
...pripútať sa...	...fasten the belts...
...vzlietnuť...	...take off...
...letieť vo výške...	...fly at a height of...
vo veľkej výške	at a high altitude
Prehĺtanie znižuje tlak v ušiach.	Swallowing eases pressure on the ears.
podnos s cukríkmi	tray of sweets
Ako znášate lietanie?	How do you take to flying?
Bolo mi zle. (v lietadle)	I got airsick.

...zvracať...	...vomit...
...letieť cez husté oblaky...	...fly through thick clouds...
Cítili ste ten náraz?	Did you feel that bump?
Asi sme vleteli do vzdušnej jamy.	We probably hit an airpocket.
...strácať výšku, klesať...	...lose altitude...
...spomaľovať...	...lose speed...
...zrýchľovať...	...gain speed...
...krúžiť okolo letiska...	...circle the airport...
bezpečnosť leteckej dopravy	air traffic safety
...previesť bezpečnostnú kontrolu...	...carry out a security check...
...vykonať bezpečný let... ...	make the flight safe...
záchranná vesta	life jacket
letecké nešťastie	air crash
...zistiť kovové predmety...	...detect metal objects...
zakázaný predmet	restricted article

...prepašovať na palubu bombu...	...smuggle a bomb on board...
...ohrozovať životy cestujúcich...	...endanger the lives of passengers...
...zrútiť sa...	...crash...
...pristáť...	...land...
hladké pristátie	smooth landing
automatické pristátie	automatic landing
núdzové pristátie	forced landing/emergency landing
...udržiavať kurz...	...maintain the course...
kontrolná veža	control tower
vznášadlo	hovercraft
vrtuľník	helicopter/copter
Ako sa dostanem na letisko?	How do I get the airport?
Aké je spojenie do...?	What are the connections like for...?

Kedy štartuje lietadlo do...?	When does the aeroplane take off for...?
Kde si môžem vymeniť letenku?	Where can I get an air-ticket?
Čo stojí letenka z... do...?	What is the price of an air-ticket from... to...?
Máte ešte miesto v lietadle?	Is there still a seat in the plane?
Kedy musím byť na letisku?	When have I to be at the airport?
Ide na letisko autobus?	Is there a bus going to the airport?
Prosím si letenku na... ráno.	An air-ticket for... morning, please.
Kedy štartuje nasledujúce lietadlo?	When does the next aeroplane take off?
Kde je odletová hala?	Where is the departure lounge?
batožina	luggage/baggage
Kam mám dať batožinu?	Where shall I put the luggage?

Čo platím za batožinu?	What is the baggage charge?
let	flight
Pripravte sa na nástup do lietadla (na let).	Prepare to board the plane (for the fight).
Nastúpte do lietadla.	Board the plane.
Žiadame cestujúcich, aby si pripravili palubné lístky a nastúpili do lietadla.	Passengers are requested to have their boarding cards ready and to board the aircraft.
Nastupujte do lietadla po jednom.	Board the plane one at a time.
Preukážte sa platnou letenkou.	Show your valid air-ticked.
O päť minút štartujeme.	We shall take off in five minutes.
Máte podanú batožinu?	Have you handed in your luggage?
Pripútajte sa, prosím!	Fasten your seat (safety) belts, please.
Prosím o pozornosť.	May I have your attention, please.

bezpečnostný pás	seat belt/safety belt
Lietadlo štartuje a naberá výšku.	The plane is taking off and increasing in altitude.
Nefajčite.	No smoking.
Posádka lietadla vás srdečne víta.	The crew of the plane welcomes you on board.
Želáme vám dobrý let.	We wish you a good flight.
Máte prostriedok proti letovej chorobe?	Have you something for air-sickness?
Môžete mi dať niečo proti nevoľnosti?	Can you give me something for air-sickness?
Kde je v lietadle toaleta?	Where is the toilet on the plane?
Kedy pristaneme?	When do we land?
Mohol by som dostať trochu cukru?	Can I have some sugar, please?
Podajte mi, prosím, pohár vody.	Bring me a glass of water, please.

O 10 minút pristaneme.	We land in 10 minutes.
let s medzipristátím	flight with landings on route
letecká spoločnosť	air company
posádka lietadla	air crew
päťčlenná posádka	a crew of five
letec/pilot	pilot
druhý pilot	copilot
letec/člen posádky	crew member
letuška	air hostess
stevardka	stewardess
technik	technician
padák	parachute
pristávacia plocha	runway
rýchlosť letu	flight speed
aerolinka	airline
hotovosť	cash
šek	cheque

odbavenie na letisku	check in
cestovný šek	travellers cheque
oblačno	cloudy
...podať pri okienku...	...hand in...
úradník pasovej kontroly	immigration officer
v lietadle	on the plane
Lietadlo mešká.	The plane´s late.
Je to vaša batožina?	Is this your baggage?
Máte niečo na preclenie?	Have you anything to declare?
Musím z toho platiť clo?	Do I have to pay duty on that?

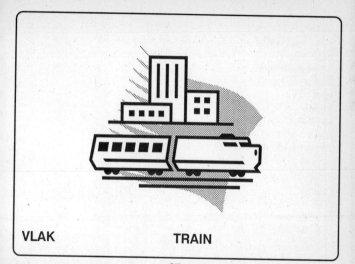

VLAK   **TRAIN**

vlak	train
cestovať vlakom	travel by rail; travel by train
železnica	railway; railroad
železničná stanica	railway-station
železničný uzol	railway junction
trať	track
koľaje	rails
výhybky	points
tunel	tunnel
cestný priechod cez trať	level crossing
závory	gates
nadjazd	fly-over
čakáreň	waiting room
informačná kancelária	inquiry office/information desk
pokladňa	ticket office
pokladňa pre výdaj mies- teniek	booking office

cestovný lístok	ticket
cestovný poriadok	railway guide
úschovňa batožiny	left-luggage office
uložiť batožinu do úschovne	deposit the luggage
ukazovateľ príchodov a od- chodov	train indicator
nástupište	platform
konečná	terminus
toalety	lavatories
páni	Gents
dámy	Ladies
železničiar	railwayman
rušňovodič	engine-driver/engineer
prednosta stanice	station master
sprievodca vo vlaku	guard
ten, kto kontroluje a vyberá lístky	ticket-collector

jednosmerný lístok	single ticket
spiatočný lístok	return ticket
cestovné	fare
polovičné cestovné	half fare
plné cestovné	full fare
miestenka	seat reservation ticket
...zabezpečiť si včas miesta v spacom vozni...	...get sleeping car reservations in time...
vlak na prepravu osôb	passenger train
nákladný vlak	goods train
rýchlik	fast train/express train
osobný vlak	slow train/passenger train/stopping train
priamy vlak	through train
elektrická trakcia, pohon	electric traction
osobný vagón	carriage/coach
jedálny vozeň	dining car/restaurant car

spací vozeň	sleeping car/sleeper
fajčiarsky vozeň	smoker
nefajčiarsky vozeň	nonsmoker
služobný vozeň	guard's van
poštový vozeň	mail van
chodbička	corridor
ulička	aisle
kupé	compartment
kupé prvej triedy	first class compartment
kupé druhej triedy	second class compartment
kupé so zákazom fajčenia	no smoking compartment
sedadlo	seat
sedadlo v rohu	corner seat
sedadlo pri okne	window seat
sieť na batožinu	rack
O koľkej odchádza vlak do Londýna?	What time does the train for London leave?

Chodia nejaké nočné vlaky do Londýna?	Are there any night trains to London?
Vlak o deviatej večer bol zrušený.	The 9.p.m. train has been cancelled.
Tento chodí len cez pracovné dni.	This one runs only on weekdays.
Kedy príde do Londýna?	When does it get to London?
Cesta tam trvá asi...	The ride there takes about...
Budete musieť prestúpiť v...	You´ll have to change at...
časová rezerva	leeway
Stojí v...?	Does it stop at...?
Pôjdem vlakom (ktorý odchádza) o šiestej ráno.	I´ll take the 6.a.m. train.
Kedy má prísť vlak z B.?	When is the B. train due in?
Má prísť o hodinu.	It´s due in an hour.
Kedy má odísť vlak do B.?	When is the B. train due out?
Príde do B. podľa cestovného	It will reach B. according to sche-

poriadku.	dule.
Má meškanie 20 minút.	It has 20 minutes´ delay.
Kedy ide ďalší vlak?	When is the next train?
Mešká.	It´s overdue.; It´s late.
...prísť na stanicu načas...	...arrive at the station in time...
...chytiť, stihnúť vlak...	...catch the train...
...zmeškať vlak...	...miss the train...
...nastúpiť na vlak...	...board the train...
Nastúpte!	Take your seats!
Je to tu plné.	It´s crowded in here.
...hľadať voľné miesto...	...look for a vacant seat...
Je tu dosť miesta.	There´s plenty of room here.
...vykláňať sa z okna...	...lean out of the window...
Zdá sa, že toto sedadlo je obsadené.	This seat seems to be taken.
sedadlo, miesto	seat
Sú tu nejaké voľné miesta?	Any free seats in here?

Je toto miesto obsadené?	Is this seat occupied?
...strčiť kufor pod sedadlo...	...shove the case under the seat...
...dať batožinu na policu nad sedadlom...	...put the bag/the case on the rack...
Dali by ste tú tašku niekam inam?	Would you mine moving your bag?
...otvoriť okno...	...open the window...
...zatvoriť okno...	...close the window...
Je tu prievan.	There´s a draught here.
Neznášam prievan.	I can´t stand the draught.
Vlak odchádza.	The train is starting.
O chvíľu odíde.	It will shortly depart./It will shortly pull out.
...zrýchliť...	...speed up...
...spomaliť...	...slow down...
...zatiahnuť záchrannú brzdu...	...pull the emergency brake...
...vykoľajiť sa...	...derail...

vykoľajenie	derailment
...zraziť sa (s)...	...collide (with)...
železničné nešťastie	railway accident
Prosím, ukážte mi cestu na stanicu.	Can you tell me the way to the station, please?
hlavná stanica	main station
Ako sa dostanem na hlavnú stanicu?	How do I get to the main station?
Chcel by som ísť na stanicu.	I would like to go to the station.
Môžete mi povedať, kde je tu stanica?	Could you tell me where I can find the station?
Kde je informačná kancelária?	Where is the inquiry office, please?
Kde dostanem cestovné lístky?	Where can I get train tickets?
Kedy ide najbližší vlak do...?	When does the next train for... leave?

Z ktorého nástupišťa ide vlak do...?	Which platform does the train for... leave?
Sú tu priame vozne do...?	Are there any through carriages for...?
Je to vlak do...?	Is it the train for...?
Na ktorom nástupišti stojí vlak do...?	Which platform is the train to... on?
Na ktoré nástupište príde vlak do...?	Which platform will the train to... be on?
Ide vlak načas?	Will the train be on time?
Má vlak meškanie?	Is the train overdue?
Koľko mešká vlak z...?	How late is the train from...?
Ako dlho stojí vlak v tejto stanici?	How long does the train stay in this station?
Je na tomto nástupišti bufet?	Is there a buffet on this platform?
Dostať tu pivo (víno, limonádu)?	Can I get beer (wine, lemonade) here?

Má vlak jedálny vozeň?	Has the train a dining car?
Kolký vozeň je jedálny?	How many carriages away is the dining car?
...obedovať vo vlaku...	have dinner on the train...
Kde mám prestúpiť?	Where do I change?
Dostanem tam nosiča?	Can I get a porter there?
Pri pokladnici...	At the booking office...
Prosím si jeden lístok druhej triedy (prvej triedy) na rýchlik do...	One second class (first class) ticket for the express to...
Pocestujete prvou alebo druhou triedou?	Are you travelling first or second class?
Prosím si jeden spiatočný lístok druhej triedy do...	One second class return ticket, please, to...
Dokedy platí tento spiatočný lístok?	How long is this return ticked valid for?
miestenka	seat reservation

Prosím si miestenku do rýchlika číslo...	I wish to book a seat on the express number...
Kde dostanem miestenku a čo stojí jedna miestenka?	Where can I book a seat and what is the reservation charge?
Chcel by som si vopred objednať lístok s miestenkou na... do...	I should like a seat in advance to... on...
Prosím, čo stojí lístok s miestenkou do...?	What does a reserved seat to... cost, please?
Treba si pri tomto vlaku povinne zakúpiť miestenku?	Do I need to reserve a seat on this train?
Áno, celý vlak je miestenkový.	Yes, it´s a reservation train only.
Môžem vám rezervovať miesto v lôžkovom vozni.	I can make you a reservation on the sleeper.
V zajtrajšom vlaku nie sú už žiadne voľné miesta.	There are no seats left on tomorrow´s train.
Prosím si 2 cestovné lístky	Two and half fares, please.

a jeden polovičný lístok.

Koľkokrát môžem prerušiť cestu?	How many times may I break my journey?
Mám batožinu.	I have some luggage.
Chcel by som ju podať priamo do...	I would like to send it directly to...
Chcel by som tiež poistiť svoju batožinu.	I would also like to insure my luggage.
Cestujem rýchlikom do..., dôjde aj batožina tým istým vlakom?	I´m travelling on the express to..., will the luggage go by the same train?
Čo platím za batožinu?	How much do I pay for the luggage?
Čo platím za poistenie batožiny?	How much do I pay for insuring the luggage?
Kde dostanem svoju batožinu?	Where do I collect my luggage?
Tu je potvrdenka od batožiny.	Here is the luggage receipt.

nosič	porter
Prosím, zavolajte mi nosiča!	Please, call me a porter.
Aké máte číslo?	What is your number?
Zaneste mi tento kufor do rýchlika (do 1. triedy, fajčiarske oddelenie).	Please, take this suitcase to the express (to the first class, smoking compartment).
Vyzdvihnite mi môj kufor z úschovne, tu je lístok.	Please, fetch my suitcase from the left luggage office, here is the ticket.
Čakajte ma na nástupišti pri vlaku do...	Wait for me on the platform by the train to...
Zaneste mi tento kufor do úschovne, prosím!	Take the suitcase to the left luggage office for me, please.
úschovňa	left luggage office
Môžem tu uschovať svoju batožinu?	Can I leave my luggage here?
Zaneste mi tento kufor pred	Take this suitcase to the front

stanicu a zavolajte mi taxík!	trance of the station and call me a taxi, please.
Mám jeden veľký a jeden malý kufor.	I have one large and one small suitcase.
Obidva chcem poistiť.	I want to insure both of them.
To nie je môj kufor.	This isn´t my suitcase.
kufor	suitcase
Chýba mi ešte jeden malý kufor.	One small suitcase is still missing.
Je úschovňa otvorená aj v noci?	Is the left luggage office open at night too?
na nástupišti	on the platform
Na ktorom nástupišti stojí rýchlik do...?	Which is the platform for the express to...?
Kde je, prosím, rýchlik do...?	Where is the express to..., please?
Kam ide tento vlak?	Where does this train go to,

	please?
Je to vlak do...?	Is this the train to...?
Kde je, prosím, 1. trieda (2.trieda)?	Where are the first class (the second class) compartments, please?
Na ktoré nástupište príde vlak z...?	Which platform does the train from... arrive at?
Kde budú priame vozne do...?	Where will the through carriages to... be?
Budú priame vozne vpredu, vzadu, či v strede?	Will the through carriages be at the front, the back or in the middle?
Má vlak do... meškanie?	Is the train to... overdue?
Príde presne?	Will it be on time?
vo vlaku	in the train
Je toto miesto voľné?	Is this seat vacant?
Je toto miesto obsadené?	Is this seat taken?

Je celé oddelenie obsadené?	Is the whole compartment reserved (full)?
Obsadím toto miesto.	I´ll take this seat.
Mám miestenku do...	I have a reservation to...
Tu už nie je voľné miesto.	There isn´t a free seat now.
Bohužiaľ, všetko je obsadené.	Sorry, but everything is taken.
Chcel by som sedieť v smere jazdy.	I would like to sit facing the engine.
Mohli by ste si so mnou vymeniť miesto?	Would you mind changing places with me?
Môžem sedieť aj proti smeru jazdy.	I can sit with my back to the engine too.
Môžem otvoriť (zatvoriť) okno?	May I open (close) the window?
Je tu veľmi teplo.	It´s very warm here.
Je tu prievan.	It´s draughty here.
Prosím, mohli by ste mi pomôcť?	Could you help me, please?

Môj kufor je veľmi ťažký.	My suitcase is very heavy.
Dovolíte?	Let me help you.
Cestovné lístky, prosím!	Tickets, please!
Počkajte, prosím, neviem, kde mám cestovné lístky.	Just a moment, please, I don´t know where I put my tickets.
Tu sú moje (naše) cestovné lístky.	Here are my (our) tickets.
Kedy budeme v...?	When do we arrive at...?
Ako sa volá táto stanica?	What is the name of this station?
Kde sme teraz?	Where are we now?
Kedy prídeme do...?	When do we get to...?
Prídeme načas do...?	Will we be in... on time?
Cestujem do...	I´m going (travelling) to...
Povedzte mi, prosím, kedy mám vystúpiť.	Please, tell me when I have to get off the train.
Mohli by ste mi pomôcť pri vystupovaní?	Would you mind helping me off the train?

Máme prípoj do...?	Is there a connection to...?
batožinový lístok	luggage ticket
cestovný poriadok	railway (time) table
cestovný kufor	case/suitcase
cestovný lístok	(railway) ticket
polovičný cestovný lístok	(child´s) ticket
čakáreň pre matky s deťmi	waiting room for mothers and children
fajčiari	smoking compartment
kúrenie	heating
miesto pri okne	seat by the window
miesto v rohu	corner seat
...nastúpiť do vlaku...	...get on board the train...
...vystúpiť z vlaku...	...get out of the train...
oddelenie	compartment
odchod vlakov	train departure
...odísť...	...depart...

Ideme!	We´re off!
okružná cesta	tour
osobitný vlak	special train
perónny lístok	platform ticket
podjazd/podchod	subway
pravidelný prípoj	regular connection (service)
prednosta stanice	station master
priamy vlak	a through train
príchod	arrival of trains
včas	in time
...prísť na čas...	...arrive on time...
príjem batožín	luggage deposit
...prísť...	...arrive/come...
rušeň	engine
ručný kufor	travelling bag
sieť na batožinu	luggage race
stanica	station

taška	bag/handbag
umyváreň/WC	toilet
vchod	entrance
voľný lístok	free ticket
výdaj batožín	luggage collection
východ	exit
...vystúpiť z vlaku...	...get off...
zákaz fajčiť	no smoking
záchranná brzda	emergency brake
...zatiahnuť záchrannú brzdu...	...pull the emergency brake...
zastávka	stop
zľava	reduction
zľavnený cestovný lístok	cheap ticket
železničná trať	railway line
železničný vozeň	railway carriage
cesta do zahraničia	travelling abroad
...cestovať cez...	...travel via...

pas	passport
Pripravte si cestovné pasy.	Get your passports ready.
Prosím, váš pas!	Your passport, please.
Kto vydal tento pas?	Who issued this passport?
Kedy bol vydaný tento pas?	When was this passport issued?
Zabudli ste podpísať svoj pas.	You have forgotten to sign your passport.
Váš pas už nie je platný.	Your passport is not valid any more.
Obnovia vám ho na konzuláte.	They will renew it for you at the Consulate.
Kde nájdem pána konzula?	Where can I find the Consul?
Kde je v tomto meste slovenský konzulát?	Where is the Slovak Consulate in this town?
Kde mi, prosím, vydajú môj pas?	Where will they issue my passport, please?
colná prehliadka	customs examination

Kedy a kde bude colná prehliadka?	When and where will the customs check take place?
Colná prehliadka sa koná zvyčajne priamo vo vlaku.	The customs check usually takes place in the train.
Colní úradníci kontrolujú všetku batožinu a valuty.	The customs officers check all the luggage and currency.
Kolko máte cigariet (cigár)?	How many cigarettes (cigars) have you got?
Kolko cigariet (cigár) môžem vyviezť?	How many cigarettes (cigars) may I take out?
To je oslobodené od cla.	This is duty free.
Mám dva kufre, v jednom mám šaty a bielizeň.	I have two suitcases, in one I have clothes and underwear.
V druhom mám holiaci strojček, fotoaparát a knihy.	In the other one I have electric razor, camera and books.
Máte v kufri liehoviny, šperky a zlato?	Have you got any spirits, jewellery, gold in your suitcase?

Mám iba niekoľko darčekov pre priateľov v...	I have only a few gifts for my friends in...
Za to musíte zaplatiť clo.	You must pay duty on this.
Čo je v tomto kufri?	What is in this suitcase?
Otvorte mi tento kufor.	Open this suitcase too.
Koľko cla budem platiť za...?	How much duty will I have to pay on...?
Môžem už zatvoriť kufor?	May I close the suitcase now?
pokladňa	booking office
drobné	small change
oddelenie (vo vlaku), kupé	compartment
prázdny	empty
...odísť (kam)...	...leave for...
skrinka (na batožinu)	locker
cestovný poriadok	timetable
vyberač lístkov	ticket collector
Konečne si tu.	Here you are at last.

Kde máš batožinu?	Where´s your luggage?
Mám celkom dva kusy bato- žiny.	I´ve got two pieces of luggage in all.
Musíme prestúpiť v Bratislave.	We must change at Bratislava.
Dám si kufor do skrinky na batožinu.	I´ll put my suitcase in the locker.
Šťastnú cestu!	Have a nice trip!
batožina	bags
lôžko (vo vlaku)	berth
lehátko	couchette
...prerušiť cestu...	...break a journey...
dvojhodinové oneskorenie	a two-hour delay
železničný vagón	car/railway carriage
zrážka	collision

MORE　　　　　　**SEA**

cesta po mori	sea travel
more	sea
morská choroba	sea-sickness
cestovanie loďou	travelling by ship
...vyplávať...	...set sail...
...byť na mori, plaviť sa...	...be at the sea...
...nalodiť sa, nastúpiť na loď...	...embark...
...vylodiť sa, vystúpiť z lode...	...disembark...
lodná doprava	shipping
loď	ship
plavidlo	vessel
čln, loďka	boat/small ship
motorový čln	motor boat
parník	steamer/steamboat
plachetnica	sailing ship/sailing boat
jachta	yacht
obchodná loď	merchant ship

nákladná loď	transport ship
cisternová loď	tanker
výletná loď	pleasure boat
osobná loď (premávajúca na pravidelnej linke)	liner
loď, ktorá preváža celý vlak	ferry
na lodi, na palube	on board ship
paluba	deck
hlavná paluba	main deck
horná paluba	upper (top) deck
strana lode po pravej ruke	starboard side
predná časť lode	the bows of the ship
zadná časť lode	stern of the ship
lodné okno (okrúhle)	porthole
kajuta	cabin
lôžko	berth
sťažeň	mast

strojovňa	engine room
lodný komín	funnel
trup	hull
kapitán	captain/skipper
posádka	crew
námorníci	seamen/sailors
kormidelník	navigator
kormidlo	helm/steering wheel
lodný lekár	ship´s doctor
príliv	tide (the tide is in)
odliv	tide (the tide is out)
vlna	wave
pevnina	land
pobrežie	sea-shore, coast
nábrežie	quay
signál	signal
vlajka	flag

prístav	port/harbour
...vojsť do prístavu...	...enter port...
...vplávať do prístavu...	...sail into port...
pristávanie	docking/landing
...vyplávať z prístavu...	...sail out of port...
záchranný pás	life belt
záchranný čln	life boat
záchranný kruh	lifebuoy
lodenice	shipyards
maják	lighthouse
More je pokojné.	The sea is calm.
nepokojné	choppy
šíre more	open sea
veľké vlny	huge waves
Loď sa veľmi kymáca.	The boat is rolling heavily.
...mať morskú chorobu...	...be seasick...
búrka	storm

víchrica	gale
výletná plavba	pleasure trip/cruise
plavba (dlhšia)	voyage
plavba cez kanál La Manche	Channel crossing
Kedy loď vypláva?	When is the boat going to sail?
Vypláva o 8 večer.	She is to sail at 8 p.m.
...vyhodiť kotvu...	...drop anchor...
záchranné lode	ships lying at anchor
...pristáť...	...land...
...spustiť lodný mostík...	...lower the gangway...
...vstúpiť na pevnú pôdu...	...set foot on firm land...
Ako sa dostanem k spoloč- nosti pre lodnú dopravu?	How do I get to the shipping company?
Kde je prístav?	Where is the port (harbour)?
Je to ďaleko odtiaľto?	Is it far from here?
Môžem ísť do prístavu pešo?	Can I get to the port on foot?
Môžem použiť elektrickú že-	Can I use the electric railway?

leznicu?	
Ktorú loď by ste mi odporú-čali?	Which ship would you recommend?
Kedy je odchod lode?	When does the ship leave?
Kedy odchádza ďalšia loď?	When does the next ship leave?
Sú na lodi voľné miesta?	Are there any free places on the ship?
V ktoré dni odchádza loď do...?	At which days does the ship leave for...?
Kde si treba kúpiť lodný lís-tok?	Where can I get a boat-ticket?
Kde môžem podať batožinu?	Where can I hand in my luggage?
Kde treba podať batožinu?	Where should I hand in my luggage?
Koľko kilogramov batožiny si môžem vziať so sebou?	How many kilogrammes of luggage am I allowed free of charge?
Chcel by som 1 miesto v tu-	I would like one place tourist

ristickej triede do...	class to...
Chcel by som samostatnú kabínu.	I would like a cabin to myself.
Chcel by som kabínu s dvoma lôžkami, pre mňa a pre manželku.	I would like a two-berth cabin for my wife and myself.
Ako dlho trvá cesta loďou do...?	How long does it take by ship to...?
Odchádza loď načas?	Does (Will) the ship leave punctually?
Kedy mám byť na palube?	When should I be on board?
Kto mi dopraví batožinu na loď?	Who will forward the luggage to the ship?
Kde treba podať batožinu?	Where should the luggage be handed in?
na palube	on board the ship
Kedy vyplávame?	When do we sail?

Ako nájdem svoju kabínu?	How do I find my cabin?
Kde je salón?	Where is the saloon?
Kde je jedáleň?	Where is the dining-room?
Kde je bar?	Where is the bar?
Kde je strojovňa?	Where is the engine-room?
Je možné vystúpiť v...?	Is it possible to disembark at...?
Stevard(ka), je mi nevoľno.	Steward (stewardess), I feel sick.
Neznášam loď.	I´m a poor sailor.
Dajte mi, prosím, prostriedok proti morskej chorobe, alebo jeden koňak.	Please, give me something for sea-sickness, or a brandy.
Z koľkých mužov sa skladá posádka lode?	How many men make up the crew of this ship?
Koľko je na lodi cestujúcich?	How many passengers are on board the ship?
Sú všetci cestujúci cudzinci?	Are all the passengers from abroad?

Komu a kde mám odovzdať svoj pas?	To whom and where should I hand in my passport?
Kde bude pasová kontrola?	Where are passports checked?
Dostať na lodi ovocie?	Is there fruit available on board?
Dostať na lodi nealkoholické nápoje?	Are soft drinks available on board?
Kde bude colná prehliadka?	Where will the customs examination take place?
Čo nepodlieha clu?	What goods are duty free?
Kedy sa podávajú raňajky?	When is breakfast served?
Kedy sa podáva obed?	When is dinner served?
Môže sa fajčiť v kabíne?	Is smoking allowed in the cabin?
Môže sa fajčiť v jedálni?	Is smoking allowed in the dining-room?
V ktorých prístavoch kotvíme?	Which ports do we stop at?
Akou rýchlosťou sa plaví táto loď?	At what speed does this boat travel?

Ako dlho sa zdržíme v...?
Môžem poslať z lode telegram?

How long do we stay at...?
Can I send a telegram from the ship?

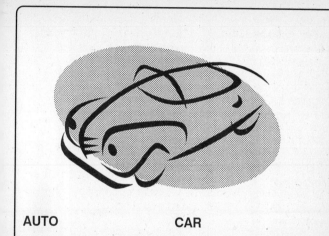

AUTO   CAR

auto	car
...riadiť auto/šoférovať...	...drive a car...
...ísť autom...	...go by car...
...cestovať autom...	...travel by car...
motorista, motoristka	motorist
vodič	driver
stopovanie	hitch-hiking
autokemping	autocamping
automapa	road map
príves	trailer
obytný príves	caravan
...hladko odštartovať...	...take off smoothly...
...spomaliť...	...slow down...
...ísť maximálnou rýchlosťou...	...drive at top speed...
cestovná rýchlosť	cruising speed
rýchla jazda	fast ride
Chcete sa zviesť?	Do you want a lift?

Cesta vedie na juh.	The road runs south.
križovatka	crossroads
nadjazd	flyover
zákruta	curve
ostrá zákruta	sharp curve
mierna zákruta doprava	easy right-hand curve
dvojitá zákruta	double bend
...zatáčať doprava...	...curve to the right...
...prechádzať železničné priecestie...	...go over a railroad crossing...
cesta	highway
autostráda/diaľnica	motorway/speedway
...dostať sa na diaľnicu...	...get onto the highway...
...odbočiť z diaľnice...	...turn off the motorway...
hlavná cesta	main road
vedľajšia cesta	secondary road
hrboľatá cesta	a bumpy road

betónový povrch	concrete surface
krajnica	shoulder
priekopa	ditch
Cesta sa opravuje.	Road under repair.
obrubník	curb-stone/kerb
doprava/premávka	traffic
dialková doprava	long-distance traffic
hustá premávka	heavy traffic
stredne silná premávka	medium traffic
dopravná zápcha	traffic jam
dopravný pruh	(traffic) lane
dopravná značka	traffic sign
Pozor! Opatrne!	Caution!
dopravné predpisy	Highway Code
pokuta	fine
pokuta za prekročenie povo- lenej rýchlosti	fine for speeding

rýchlosť	speed
vodičský preukaz	driving license
...zadržať vodičský preukaz...	...suspend the license...
skúška na alkohol (fúkaním do balónika)	breathalyser test
nehoda	accident
Bezprostrednou príčinou nehody bolo...	Immediate cause of the accident was...
neopatrná jazda	reckless driving
...cestovať (ísť) rýchlo...	...travel (go) quickly...
...ísť rovno...	...go straight...
...vybočiť z cesty...	...veer off the road...
šmyk	skid
...dostať šmyk...	...skid...
...dostať šmyk na mokrej ceste...	...skid on the wet road...
šmykľavý povrch	slippery surface

...naraziť do stromu...	...hit the tree...
náraz (na)	impact (on)
Zrazilo ho auto.	He was struck by a car.
vodič, ktorý po zrážke ujde z miesta činu	hit-and-run driver
...uniknúť zraneniu...	...escape injury...
smrteľné úrazy	fatalities
sanitka	ambulance
vrak	wreck
obchodník s autami	car-dealer
vozidlo	vehicle
auto s posuvnou strechou	convertible
limuzína	saloon
veterán	vintage car
auto z druhej ruky, ojazdené	second-hand car
stará kára (o aute)	old crock
nákladné auto	lorry/truck

vlečka/príves	trailer
V tomto prívese môžu spať štyria.	This camper sleeps four.
motor	engine
motor s úsporným spaľovaním	lean burn engine
klúčik do zapaľovacej skrinky	ignition key
...dôkladne prezrieť karburá-tor...	...overkaul the carb...
...nastaviť(motor)...	...tune up (the engine)...
automatický sýtič	automatic choke
ručný sýtič	manual choke
...,,túrovať " motor...	...rev up the engine...
obrátky	revs (revolutions)
voľnobežný chod (motora)	idling
výfukové plyny	exhaust fumes
automatická prevodovka	automatic transmission
štvorstupňová prevodová	four-speed gear box

skriňa	
ručné radenie (rýchlosti)	manual shift
...zaradiť rýchlosť...	...engage a gear...
...mať zaradenú rýchlosť...	...be in gear...
...radiť na nižšiu/vyššiu rých- **losť...**	...shift down/up...
...preradiť na trojku...	...shift into third (gear)...
spiatočka	reverse
prevod na 5. rýchlosť	overdrive
spojka	clutch
sviečka (motorová)	spark plug
rozdeľovač	distributor
benzínový ukazovač	fuel gauge
blatník	mudguard
diferenciál	differential
zdvihák	jack
dynamo	dynamo

gulkové ložiská	ball bearings
hadička	hose
hlava (koleso)	wheel hub
...brzdiť...	...brake...
...zaparkovať...	...park...
...zastaviť...	...stop...
...zabrzdiť...	...step on...
...uvoľniť brzdu...	...release the brake...
...dupnúť na brzdu (prudko)...	...slam on the brake...
zlyhanie bŕzd	brake failure °
nožná brzda	footbrake
ručná brzda	handbrake
brzdová tekutina	brake fluid
brzdový pedál	brake pedal
stúpiť na plyn	step on the gas
pedál plynu	accelerator
predné/zadné kolesá	front/rear wheels

vyváženie kolies	wheel balancing
pneumatiky	tyres
radiálne pneumatiky	radial tyres
Pneumatika je poškodená.	The tyre is damaged.
...dostať defekt...	...puncture a tyre...
Mám defekt.	I have a puncture.
Zalepte mi pneumatiku, prosím.	Could you please repair the puncture and vulcanize the tyre.
Pneumatika má defekt.	This tyre is flat (punctured).
Dá sa to opraviť.	Can it be mended (repaired).
Nahustite mi rezervné koleso.	Please blow the spare tyre up.
roztrhnutie pneumatiky	blowout
Dohustite mi všetky kolesá.	Blow up all the tyres, please.
Kedy si mám prísť po auto?	When have I to come for the car?
Čo to asi bude stáť?	About how much will it cost?
...zalepiť...	...seal...
...nafúkať...	...inflate...

zdvihák	jack
...skontrolovať tlak...	...chek the pressure...
tlmič	shock-absorber
geometria náprav	front-end alignment
volant	steering wheel
servoriadenie	power steering
benzín	petrol/gasoline
benzín s nízkym obsahom olova	low-lead gas(oline)
benzínová nádrž	petrol/gas tank
úspora paliva	fuel economy
kilometráž	gasoline mileage
Benzínová pumpa.	*Petrol/gas station.*
...natankovať nádrž...	...refuel...
konva na benzín	jerry can

nádrž na benzín	petrol tank
Kde je tu najbližšia benzínová stanica?	Where is the nearest filling station?
Musím nabrať benzín.	I must fill up with petrol.
Prosím si benzín.	Petrol, please.
Plnú nádrž, prosím.	Fill up, please.
Želáte si normálny benzín alebo superbenzín?	Would you like economy grade petrol or super, two, three, four or firestar petrol?
Koľko litrov si želáte?	How many litres would you like?
Dajte mi, prosím, 10 litrov normálneho benzínu.	Give me 10 litres of economy grade petrol, please.
Čo to stojí?	How much is it?
Mám tu benzínové poukážky.	I have petrols coupons here.
Naplňte mi to (nádrž)!	Fill it (the tank) up, please.
olej	oil
stav oleja	oil level

Chcel by som aj olej do motora.	I also want oil for the engine.
Pozrite, prosím, koľko je oleja.	Check the oil level, please.
Vymeňte olej, prosím.	Change the oil, please.
Dajte mi pol litra (liter) oleja.	Give me half a litre (a litre) of oil.
Skontrolujte mi vodu v chladiči.	Check the water in the radiator.
Dajte mi, prosím, fľašu vody.	Please, give me a bottle of water.
Namažte, čo je potrebné!	Lubricate where necessary.
tachometer	speedometer
otáčkomer	rev counter
...dobiť akumulátor...	...recharge the battery...
...mazať/olejovať...	...lubricate...
chladič	radiator
karoséria	body
lak	paintwork
sedadlo vodiča	driving seat

predný nárazník	front bumper
...zdvihnúť kapotu...	...lift up the bonnet/hood...
...poškodiť, nabúrať blatníky...	...batter the fenders...
batožinový priestor/kufor	trunk
bezpečnostný pás	safety belt
predné sklo	windscreen
dvojrýchlostné stierače	two-speed wipers
odmrazovač zadného okna	rear window defroster
prídavné zariadenia	gadgets
prístrojová doska	dashboard
ovládacie zariadenia	controls
...zabuchnúť dvere...	...slam the door...
...zatrúbiť...	...sound the horn...
reflektory	headlights
zadné svetlá	rear lights
...zapnúť svetlá...	...turn on the lights...
...stlmiť svetlá...	...dip the lights...

náhradné súčiastky	spare parts
...vymeniť opotrebované sú-časti...	...replace worn parts...
opotrebovanie	wear and tear
oprava	repair
Musím si nechať opraviť auto.	I must get the car repaired.
...nastúpiť...	...get into...
...vystúpiť...	...get out...
Aj vy cestujete do...?	Are you also travelling to...?
Pôjdem s vami.	I´ll go with you.
Zavezte ma do (na)...	Please take me to.../Give me a lift to...
Nasledujte ma. (Choďte za mnou)	Follow me.

Dopravné značky.	*Traffic signs.*
Zákaz predbiehania.	No overtaking./No passing.
Cesta s prednosťou v jazde.	Priority road.
Otočenie do protismeru.	U-turn.
Najvyššia povolená rýchlosť.	Speed limit.
Jednosmerná premávka.	One way traffic.
Jednosmerná ulica.	One way street.
Dvojsmerná premávka.	Two way traffic.
Zastaviť-dať prednosť.	Stop-give way.
Cesta vpravo.	Keep right.
Cesta vľavo.	Keep left.
Nemocnica.	Hospital.
K parkovisku.	Parking place ahead.
Vjazd zakázaný.	All vehicles prohibite.
Zákruta.	Bend.
Pomalá jazda.	Drive slowly.

Parkovanie zakázané!	No parking!
Vpravo odbočiť zakázané.	No right turn.
Zákaz zastaviť.	Stopping prohibited.
Zákaz zastavenia.	No stopping.
Obmedzená rýchlosť.	Speed limit.
Parkovanie povolené maximálne 20 minút.	Parking limited to 20 minutes.
Parkovanie zakázané.	Parking prohibited.
Prechod zakázaný.	No trough road.
Nechránený prechod.	Unguarded crossing.
Obchádzka.	Diversion.
Pozor! Decht!	Beware of tar.
Priechod pre chodcov.	Pedestrian crossing.
Prechádzajte na prechodoch.	Cross at crossovers.
Na ceste sa pracuje.	Road works ahead.
Križovatka.	Road junction. Crossroads.
Hrboľatá cesta.	Uneven road.

Zákaz predchádzania.	Overtaking prohibited.
V zábehu.	Running in.
Nemocnica! Ticho!	Hospital, quiet please.
Cestná križovatka.	Crossroad.
Máte prednosť pred vozidlami sprava.	You have priority over traffic from the right.
Daj prednosť vozidlám sprava.	Give way to traffic from the right.
Strmé stúpanie.	Steep hill.
Pre bicyklistov.	Cycle track.
Parkovanie len pre autobusy.	No vehicles except buses.
Ťažké vozidlá.	Heavy traffic (lorries).
Pomaly!	Slow.
Okruh.	Roundabout.
Úzka cesta.	Narrow road.
Klzká vozovka.	Slippery surface in damp weather.
Zákruty.	Winding road.

Blokovaná hradská.	Road blocked.
Zákaz vstupu.	No entry.
Pozor na vychádzajúce nákladné auté.	Factory exit (lorry exit).
Parkovanie dovolené.	Parking allowed.
Parkovanie zakázané (prikázané) v nepárnych (párnych) dňoch.	Parking prohibited (permitted) on odd (even) days.
Opraváreň.	Repairs.
Nevybočujte z cesty.	Please keep in lane.
Servis – 1 míľa.	Services 1 mile ahead.
Koniec diaľnice.	End of motorway.
Obchádzka. Koniec obchádzky.	Diversion. End of diversion.
Začiatočník.	"L"-Learner.
Požičovňa áut za výhodné ceny.	Cars for hire. Apply within. Reasonable terms.

Stúpanie.	Uphill gradient.
Mimoúrovňová križovatka.	Fly over, overpass.
Odbočka.	Turning, diversion.
Cesta sa opravuje.	Road under repair.
Cesta uzavretá.	Road closed.
Zúžená cesta.	Road narrows.
Podjazd.	Underpass.
Nadjazd.	Fly-over.

Údržba.	*Maintenance.*
opravy auta	car repairs
čistenie	clearing
Moje auto je špinavé.	My car is dirty.
Umyte mi, prosím, auto.	Please wash my car.
Vyčistite mi auto dnu aj zvon-ku.	Clean my car inside and out, please.

Očistite mi, prosím, aj predné sklo.	Please, clean my windscreen as well.
bočné sklá	side windows
Umyte mi, prosím, aj bočné sklá.	Wash the side windows as well, please.
garáž	garage
Je tu blízko nejaká garáž?	Is there a garage nearby?
Kde je najbližšia garáž?	Where is the nearest garage?
Je garáž voľná?	Is the garage free?
Je v garáži voľný box?	Is there any car-space free at the garage?
Čo stojí použitie garáže na jednú noc?	What do you charge for one night?
Máte v garáži službu aj v noci?	Do you also have night service at the garage?
Môžem odstaviť auto aj v noci?	May I leave the car here at night too?

Môžem nechať auto na dvore?	Can I leave the car in the yard?
Môžem nechať auto na ulici?	Can I leave the car in the street?
Čo stojí parkovanie?	How much does parking cost?
Auto je zamknuté, tu je kľúč.	The car is locked, here is the key.

Opravy.	*Repairs.*
opravovňa áut	garage
...mať poruchu...	...have a breakdown...
...zastaviť okoloidúce auto...	...wave a passing car down...
...odtiahnuť do servisu...	...tow to a garage...
...zohnať odťahovaciu službu...	...get a breakdown lorry...
Je tu blízko autoservis?	Is there a service-station nearby?
autoservis	service-station
Kde je najbližšia autodielňa?	Where is the nearest service-station?
Preskúšajte to, prosím.	Give it a run, please.

Brzdy sú pokazené.	The brakes are faulty./The brakes have gone.
Môžete mi to opraviť?	Can you repair it for me?
Ako dlho to bude trvať?	How long will it take?
Máte náhradné súčiastky?	Do you have stock parts?
Spravte iba najnevyhnutnej-šie opravy!	Just repair what´s absolutely necessary.
Opravte (mi) zámku na dve-rách.	Repair the door lack.
Opravte (mi) chladič.	Repair (mend) the radiator.
Vymeňte mi akumulátor.	Put a new battery in, please.
Nabite mi batériu.	Please, charge my battery.
tesnenie	gasket
Opravte mi tesnenie.	Please, repair the gasket.
Nastavte mi brzdový pedál.	Please adjust the brake pedal.
stierač skla	windscreen wiper
Dajte mi stierač skla.	Let me have a windscreen wiper.

Pritiahnite tieto skrutky.	Tighten these screws, please.
poistka	fuse
Treba vymeniť poistku.	The fuse needs replacing.
Poistka je prepálená.	The fuse is turn out.
chladenie	cooling system
chladenie vodou	water cooling
chladenie vzduchom	ventilation
iskra	spark
izolácia	insulation
kábel	cabel
karburátor	carburettor
karoséria	body
klaksón	horn
kľuka	starting-handle/crank
kľukový hriadeľ	shaft
predné koleso	front wheel
zadné koleso	back wheel

lampa	lamp
magnet	magnet
matica	nut
motor	motor
dvojtaktný motor	two-stroke engine
štvortaktný motor	four-stroke engine
Motor hrkoce.	The engine vibrates.
Motor neštartuje.	The engine will not start.
Motor sa prehrieva.	The engine is overheating.
Motor vynecháva.	The engine cuts out.
...spustiť motor...	...start the engine...
...vypnúť motor...	...turn off the engine...
náhradný diel	spare part
náprava	axle
predná náprava	front axle
zadná náprava	rear axle
nárazník	bumper

nástroj	tool/instrument
nástrojová taška	tool bag
os	axle
ochranné sklo	windscreen
ojnica	connecting rod
osvetlenie	lighting
pedál	pedal
pero	spring
pérovanie	suspension
plyn	gas
plynový pedál	accelerator pedal
palivo	fuel
porucha motora	engine failure
tabuľka s poznávacou značkou	numberplate
poznávacie číslo	registration number
rýchlosť	gear
zaradiť rýchlosť	feet in gear

radenie rýchlostí	changing gears
rám	chassis
reflektor	reflector, head lamp
reťaz	chain
snehové reťaze	snow-chains
rukoväť	handle
predné sedadlo	front seat
zadné sedadlo	back seat
skrutkovač	screw-driver
smerovka	indicator
smerové svetlo	direction-indicator
obrysové svetlo	sidelight
Spojka kĺže.	The clutch slips.
Zapojiť spojku.	Depress the clutch.
Vypojiť spojku.	Release the clutch.
spojovacia páka	gear-lever
stop svetlo	stop light

stúpačka	running board
sviečka	sparking plug
Sviečky sú zanesené.	The sparking plugs are dirty.
Sviečky treba vymeniť.	The sparking plugs need changing.
štartér	starter
tachometer	rev-counter/tachometer
tlmič	shock-absorber
valec/valcový krúžok	cylinder
ventil	valve
nasávací ventil	inlet valve
výfukový ventil	exhaust valve
ventilátor	ventilator
voľnobeh	neutral
výfuk	exhaust
výfuková rúra	exhaust pipe
vzduchová pumpa	air-pump

vzduchový filter	air-filter
zadné svetlá	back lights
zapaľovanie	ignition
Zapaľovanie vynecháva.	The ignition is faulty (defective).
závit	wind
zrkadlo (odrazové)	rear-view mirror
porucha	breakdown
poruchový voz	breakdown truck
poznávacia značka	number-plate
reflektory	traffic-lights
nehoda/havária	crash/accident
...mať haváriu...	...have a crash
...naraziť do protiidúceho vozidla...	...hit an oncoming vehicle...
Prosím, pomôžte nám - ma-li sme nehodu.	Please, help us – we have had an accident.
Zlyhal nám motor.	The engine can not start.

Praskla pneumatika.	We've got a puncture.
Prosím, pošlite mi z najbližšieho mesta mechanika.	Please, send me a mechanic from the nearest town.
Je to súrne, večer musím byť...	It's urgent, I must be in (at)... by the evening.
Vzali by ste ma do najbližšieho mesta? Hľadám mechanika.	Would you give me a lift to the nearest town? I'm looking for a mechanic.
Mohli by ste moje auto odvliecť?	Could you tow me?
Požičajte mi trochu benzínu.	Would you lend me some petrol, please.
Vrátim vám ho pri najbližšej benzínovej stanici.	I shall return it to you at the nearest petrol station.
Zavolajte, prosím, lekára.	Ring the doctor, please.
zrážka	collision
Mali sme zrážku s iným autom.	We had a collision with another

	car.
Zavolajte, prosím, políciu.	Ring the police, please.
Pošlite sem, prosím, záchranné auto.	Send the breakdown truck, please.
Máte, prosím, obväzový materiál?	Have you bandages and dressing, please?
Máte sanitnú tašku?	Have you a first-aid kit?
Mám poškodený blatník (svetlá, brzdy, vedenie, zapaľovanie).	I have damaged mudguard (lights, brakes, steering, ignition).
Poškodili ste mi auto. Je to vaša vina, bol som na hlavnej.	You have damaged my car. You are to blame, I was on the major road.
Mal som prednosť v jazde.	I had the right of way.
Nedali ste smerovku pri odbočovaní.	You didn´t use the indicator when turning.
Nevidel som vaše smerové	I did´t see your indicator light.

svetlo.	
Ste za škodu zodpovedný.	You are responsible for the damage.
Videli ste tú nehodu?	Did you see that accident?
Dosvedčíte mi to?	Would you testify for me?
Poslúžili by ste mi ako sve-dok?	Would you be a witness for me?
Dajte mi svoje meno a svoju adresu.	Give me your name and address, please.
...spôsobiť škodu...	...do some damage...
Je vaše auto poistené?	Is your car insured?
V ktorej poisťovni?	With which insurance (company)?
Prosím si poistku od auta (vo-zidla).	Car-insurance (vehicle insuran-ce), please.
doklady	car papers
havarijná poistka	accident insurance
havarijná služba	break-down service

automobilová nehoda	car accident
...zapríčiniť nehodu...	...cause an accident...
...zaviezť do nemocnice...	...take to the hospital...
kontrola motorových vozidiel	checking of motor vehicles
na hranici	at the frontier
Ukážte mi vodičský preukaz.	Show me your driving licence.
Prosím, tu sú moje doklady.	Here are my papers.
Máte vozidlo poistené?	Is the car insured?
Tu je môj doklad o poistení.	Here is the insurance certificate.
Máte svetlá v poriadku?	Are the lights working properly?
Nech sa páči, presvedčte sa.	Please, make certain for yourself.
Máte medzinárodný preukaz na vozidlo?	Have you an international driving licence?
Koľko pohonných hmôt veziete so sebou?	How much fuel are you taking with you?
Kde je tu najbližší servis?	Where is the nearest service-station?

Kde je najbližšia garáž?	Where is the nearest garage?
Na colnici.	*At the custom´s.*

vodičský preukaz	driving license
medzinárodný preukaz	international license
clo	duty
vízum	visa
precliť	charge some duty
dovozné clo	import duty
vývozné clo	export duty
colná prehliadka	customs check (examination)
colné vyhlásenie	customs declaration
devízové vyhlásenie	currency declaration
oslobodené od cla	duty free
...platiť clo...	...pay duty...
...podliehať clu...	...liable to duty...

colnica	customs house
meno	name
priezvisko	surname
rodená	former name (maiden name)
dátum narodenia	date of birth
miesto narodenia	place of birth
meno otca	name of father
meno matky	name of mother
oči (farba očí)	eyes (colour of eyes)
vlasy	hair (colour of hair)
výška	height
povolanie	occupation
štátna príslušnosť	nationality

UBYTOVANIE   **ACCOMMODATION**

ubytovanie	accommodation
hotel	hotel
sieť hotelov	hotel chain
penziónát	boarding house
strava a byt	board and lodging
turistická ubytovňa pre mlá-dež	youth hostel
nocľaháreň	dormitory
lacný hotel	economy hotel
prepychový	luxurious
s ideálnou polohou	ideally situated
pohodlný	comfortable
priestranný	spacious
...získať zlú povesť...	...fall into disrepute...
renomovaný/s dobrým me-nom	renowned
hotel, kde sa podáva jedlo	temperance hotel

hotel s povolením predávať alkohol	fully licensed hotel
parkovisko	parking lot
garáž v suteréne	underground garage
...ubytovať sa v hoteli...	...put up at the hotel...
...bývať v hoteli...	...stay at a hotel...
...objednať si izbu vopred...	...book a room in advance...
...rezervovať si izbu...	...reserve a room...
...ohlásiť príchod...	...announce the arrival...
...zapísať sa, prihlásiť sa...	...register/check in...
...odhlásiť sa...	...check out...
pri príchode	on arrival
pri odchode	on leaving
...vyplniť prihlasovací formulár...	...fill in the registration...
...zapísať meno do (hotelovej knihy)...	...enter the name in the book...

približná doba pobytu	approximate time of stay
občiansky preukaz	identity card
pas	passport
trvalé bydlisko	domicile address/permanent address
hotelový preukaz	room card
...zrušiť rezerváciu...	...cancel the reservation...
plná penzia	full board
polovičná penzia	half board
ubytovanie s raňajkami	B & B (bed and breakfast)
mierne ceny	moderate terms/rates
príliš vysoké ceny	excessive terms/rates
týždenná cena	weekly inclusive terms
v cene je započítané...	the price includes...
zvláštne poplatky	extra charges
...pripočítať k účtu poplatok za obsluhu...	...put a service charge on the bill...

...zaplatiť účet...	...settle the account...
...dať veľké prepitné...	...give a large tip...
...viesť hotel...	...run the hotel...
riaditeľ	manager
recepčný	desk clerk/receptionist
vchod pre personál	staff entrance
núdzový východ	fire escape/emergency exit
na recepcii	at the desk/at the reception
vrátnik	hall porter
vrátnica	porter´s lodge
nosič	porter
poslíček	bell-boy
obsluhovač výťahu	liftboy
hala	lounge
vstupná hala	lobby
jednolôžková izba	single room
dvojlôžková izba	double room

voľná izba	vacant room
prístelka	extra bed
apartmán	suite
s výhľadom na park	overlooking the park
s výhľadom na more	with a sea-view
kľúč od izby	room key
čalúnené dvere	padded door
moderné vybavenie	up-to-date equipment
kúpeľňa	bathroom
umývadlo	wash basin
sprcha	shower
horúca a studená tečúca voda	hot and cold running water
záchod	toilet, lavatory
ústredné kúrenie	central heating
pec na uhlie	coal fire
pec na plyn	gas fire
kozub	fireplace

...vybaliť si veci...	...unpack the luggage...
ramienko na šaty	dress-hanger
miesto na zavesenie šiat	hanging space
nočný stolík	night table
posteľná bielizeň	bedclothes
podhlavník	pillow
plachta	sheet
prikrývka	blanket
...holiaci strojček...	...electric shaver...
...fľaša s horúcou vodou...	...a bottle of boiling water...
...pohár na vodu...	...tumbler (glass)...
...mydlo...	...soap...
...trocha mydla...	...a little soap...
...teplý kúpeľ...	...hot bath...
...teplá voda...	...hot water...
...uterák...	...towel...
...paplón...	...eiderdown...

...perina...	...feather bed...
...vankúšik...	...cushion...
...posteľ pre dieťa...	...child´s bed...
...vešiak...	...hanger...
...prihlasovací formulár v ho-teli...	...arrival card...
...ubytovať sa...	...put up...
...cena...	...price...
...apartmán...	...suite...
...kľúč...	...key...
...kniha hostí...	...register...
...chyžná...	...maid...
...riaditeľ hotela...	...hotel manager...
...príručný kufrík...	...valise...
...prízemie...	...ground floor...
...poschodie...	...floor...
...baliť...	...pack...

...vybaliť sa...	...unpack...
...odostlať posteľ...	...make the bed for the night...
...postlať posteľ...	...make the bed...
...rozsvietiť nápis „Nevy-rušujte"...	...flash the „Do not disturb" sign...
...zazvoniť...	...ring the bell...
obsluha	service
chyžná	chambermaid
...upratať izbu...	...do the room...
Hľadám dobrý hotel.	I am looking for a good hotel.
Kde je prosím, hotel...?	Where is the... hotel, please?
Poznáte hotel...?	Do you know the... hotel?
Mohli by ste mi odporučiť ne-jaký hotel?	Could you recommend a hotel?
Kde bývate?	Where are you staying?
Čo stojí ubytovanie v tomto hoteli?	What is the price of accommodation at this hotel?

Je tu priestor vyhradený na stanovanie?	Is there a camping site here?
Môžem si v tomto kempe postaviť stan?	Can I put a tent in this camp?
Ukážem vám priestor určený na stanovanie.	I´ll show you the site reserved for tents.
Kde môžem zaparkovať svoje auto?	Where can I park my car?
Parkovisko je hneď za rohom.	The parking place is round the corner.
Je tu ubytovňa pre mládež?	Is there a youth hostel here?
Kde je autokemping?	Where is the autocamping site?
Máte nejaké voľné miesta v chatkách?	Have you any vacancies in the bungalows?
Vedie táto cesta k zrubovej ubytovni?	Does this road lead to the log-cabin site?
Je ďaleko k motelu?	Is it far to the motel?

Môžem ísť k chatke lanovkou?	Can I go to the chalet by funicular (cable) railway?

Na recepcii. — *At the reception desk.*

Máte ešte voľnú izbu?	Have you any vacant room?
U vás sa nám vždy páčilo.	We always liked it here.
Hovorte pomalšie, prosím, aby som vám rozumel.	Please speak more slowly for me to understand you better.
Ako dlho budete bývať v hoteli?	How long do you intend to stay?
Nič nie je voľné.	No accommodation is available.
Žiadne voľné izby.	No vacancies.
Sme plne obsadení.	We´re fully booked up./We´re full up.
Chcel by som jednoposteľovú izbu.	I would like a single room.

Akú izbu si želáte?	What kind of room would you like?
Objednal som si izbu.	I have booked a room.
Mám tu rezerváciu.	I have a booking here.
Chvíľku počkajte, prosím.	Wait a moment, please.
Prosil by som váš pas.	May I have your passport, please?
Kedy ste si rezervovali izbu?	When was the booking made?
Zoženiem riaditeľa.	I´ll get the manager.
Posaďte sa prosím, kým to zariadim.	Would you take a seat while I attend to it?
Prosím si jednu 2-posteľovú izbu.	One doble-room, please.
Na dnešnú noc vám môžem poskytnúť len prístelku.	For tonight I could only let you have an extra bed.
Prosím si izbu so sprchou.	A room with a shower, please.
Prosím si izbu s kúpeľňou.	A room with a private bathroom,

	please.
Trvám na izbe s výhľadom do ulice.	I insist on having a room with a view of the street.
Máte izbu s balkónom?	Have you a room with balcony?
Rezervovali sme vám izbu.	We have reserved a room for you.
Ohlásili ste nám svoj príchod?	Did you let us know when you would arrive? Did you report your arrival to us?
Môžem si pozrieť izbu?	Can I see the room?
Izba je dobrá, vezmem ju na...noci.	The room is nice, I´ll take it for... (night).
Neprosím si izbu do ulice.	I don´t want a room looking on to the street.
Prosím si tichú izbu.	A quiet room, please.
Dajte mi prosím menšiu izbu.	Could I have a smaller room, please?

Izba je priveľmi drahá.	The room is too expensive.
Izba je malá.	It´s a small room.
Čo stojí táto izba na jednu noc (5 nocí)?	What is the price of this room for one night (5 nigths)?
Cena liečebného pobytu zahŕňa ubytovanie s plnou penziou.	The price of spa holidays includes accommodation and full board.
Bývam v izbe číslo...	I´m staying in room number...
Objednal som si telegraficky izbu na meno...	I booked a room by telegram in the name of...
Je obsluha zarátaná v cene izby?	Is the service charge included in the cost of the room?
Sú v tom aj raňajky?	Is breakfast included?
Čo stojí táto izba s plnou penziou (len s raňajkami)?	What is the cost of this room with full board (with breakfast only)?
Mám izbu hneď vyplatiť?	Must I pay for the room straight away?

Pripravte mi účet na ráno.	Please, have my bill ready for the morning.
Kde mám uložiť batožinu?	Where have I to put the luggage?
Tu je môj pas.	Here is my passport.
Mám batožinu na stanici.	My luggage is at the station.
Dajte doniesť moju batožinu.	Have my luggage brought here, please.
Tu je lístok od batožiny.	Here is the luggage ticket.
Tu je kľúč od úschovne číslo...	Here is the key of luggage locker number...
Moja batožina je ťažká a veľká.	My luggage is heavy and fully.
Môžem ju uložiť vo vašej úschovni?	Can I deposit it at your left luggage office?
Moja batožina je ľahká a malá.	My luggage is light and small.
Doneste mi túto batožinu do izby.	Have my luggage brought up to the room, please.
Zaveď pána k výťahu.	Show the gentleman to the lift.

Postaraj sa panej o batožinu.	Take charge of lady´s luggage.
Kde je moja batožina?	Where is my luggage?
Je batožina v mojej izbe?	Is the luggage in my room?
Vezmem si batožinu sám do izby.	I´ll take the luggage up to the room myself.
Tu je moja prihláška.	Here is my registration form.
Dajte mi, prosím, kľúč od izby číslo...	Give me the key of room number..., please.
Zobuďte ma ráno o... hodine.	Wake me in the morning at... o´clock.
Kedy sa podávajú raňajky?	When is the breakfast served?
Hľadal ma už niekto?	Has anyone been looking for me?
Keby ma niekto hľadal, povedzte, že budem od... do... v...	If anyone asks for me, please, tell I shall be in... from... to...
Budem v rešturácii (v meste).	I shall be in the restaurant (in town).

Prídem späť o... hodine.	I shall return at... o´clock.
Nech ma počkajú v jedálni.	Would you ask them to wait in the dining room, please?
Mám poštu?	Is there any post for me?
Odkiaľ môžem telefonovať?	Where I can telephone from?
Môžete volať priamo zo svojej izby.	You can dial direct from your room.
Rád by som nechal u recepčného odkaz.	I´d like to leave a message with the receptionist.
Postarám sa, aby odkaz dostal.	I´ll see that he gets the message.
Zostaňte na príjme.	Hold the line.
Linka je obsadená.	The line is engaged.
Nie je sigál.	The line is dead.
Kde je tu reštaurácia?	Is there a restaurant here?
Odkiaľ môžem poslať telegram?	Where can I send a telegram from?

Dajte, prosím, tento list na poštu.	Please, post this letter.
Kde môžem dostať známky?	Where can I get stamps?
Kde sa podáva obed?	Where is lunch (dinner) served?
Kde sa podáva večera?	Where is supper served?
Žiadame hostí, aby izbu vypratali o tretej popoludní.	Guests are requested to vacate the room by 3 p.m.
Keď idete von, nechajte kľúč na recepcii.	When going out leave the key with the desk clerk.

Hotelové služby.	*Hotel Service.*

Rezervujte mi, prosím, jeden stôl pre... osoby v jedálni pri okne.	Please, reserve me a table for... (people) in the dining room by the window.
Vykefujte mi, prosím, šaty.	Please, brush my clothes.
Vyčistite mi, prosím, moje to-	Clean my shoes, please.

pánky.

Zaneste, prosím, tieto šaty (oblek) do čistiarne.	Please, take these clothes (suit) to the cleaner´s.
Potrebujem ich do zajtra.	Can I have them delivered by tomorrow, please?
Obstarajte mi to, prosím, do zajtra!	Would you make sure I have them back by tomorrow.
Ráno ma zobuďte o... hodine a zaklopte dobre hlasno na dvere!	Please, wake me at... in the morning and knock hard on the door.
Kedy by som mal podľa vás odtiaľto odísť?	When should I leave here, do you think?
Ak si zoberiete odtiaľto taxík o 7.00, určite sa tam dostanete včas.	If you get a taxi from here at 7.00, you´ll be sure of getting there in time.
Ako mám zavolať chyžnú?	How do I call room-service?
Dokedy je otvorená reštaurá-	When is the restaurant open till?

cia?	
Aké telefónne číslo má vrátnik?	What is the porter´s telephone number?
Ako môžem volať z izby do mesta?	How do I make a local call from my room?
Aké číslo má vaša centrála?	What is the number of your exchange?
Kde je najbližšia kaderníčka?	Where is the nearest hairdresser?
Kde je najbližší holič?	Where is the nearest barber (gents hairdresser)?
Aký elektrický prúd je v tomto hoteli?	What is the voltage at this hotel?
Striedavý či jednosmerný?	Alternating or direct current (AC or DC)?
Objednám si raňajky na desiatu hodinu.	I´d like to order breakfast for 10 o´clock.
Raňajky mi prineste do izby.	Bring breakfast to my room,

	please.
Má hotel aj knižnicu?	Is there a library in the hotel?
Obstarajte mi na dnes večer 2 lístky do opery (do kina, na koncert, do divadla).	Would you, please get me two tickets for the opera (for the cinema, for a concert, for the theatre) for tonight.
Na dnes večer už nie sú žiadne vstupenky, ale môžem vám nejaké zaobstarať na zajtra.	There aren´t any tickets left for tonight, but I can get you some for tomorrow.
Zajtra popoludní si tu môžete vstupenky vyzdvihnúť.	You can pick up the tickets here tomorrow afternoon.
Pošlite telegram tohto znenia na uvedenú adresu.	Would you send the following telegram to this address (to the address indicated)?
Obstarajte mi kyticu kvetov na dnes večer.	Would you get me a bouquet of flowers for this evening, please?
Všetky výdavky pripíšte na	Please, put everything on my

môj hotelový účet.	account.
Objednal som si telefonicky dvojposteľovú izbu na meno...	I´ve booked a double by phone in the name...
Koľko stojí izba (nocľah) s raňajkami?	How much do you charge for bed and breakfast?
Na ktorom poschodí?	On which floor?
Je to na prvom poschodí.	It´s on the first floor.
Tadialto, prosím.	This way, please.
Dnes odcestujem.	I´m leaving today.
Odchádzam dnes večer (zajtra ráno).	I´m leaving this evening (tomorrow morning).
Pripravte mi účet.	Please, get my bill ready.
Chcem vyrovnať svoj účet.	I want to settle my account.
Zaplatil by som v hotovosti, ale nemám pri sebe dosť peňazí.	I would pay by cash but I haven´t got enough money on me.
B* val som tu... dní.	I have been staying here for...

	days.
Čo som dlžný?	How much do I owe you (What is the cost)?
Mal som aj medzimestské telefonické hovory. Vyúčtujte mi ich.	I also had some long distance telephone-calls. Would you please book them to me.
Je môj hotelový účet hotový?	Is my hotel bill ready, please?
Pošlite moju poštu za mnou na túto adresu...	Will you, please, have my post sent on to me, to this address...?
Zavolajte mi, prosím, taxík!	Call me a taxi, please.
Už prišiel taxík?	Has the taxi arrived, yet?
Zaneste mi, prosím, batožinu na stanicu.	Will you have my luggage take to the station, please?

Sťažnosti.	Complaints.
Posteľná bielizeň nie je čistá (nie je vymenená).	The bed-clothes are dirty (they haven´t been changed).
Zabudli ste upratať moju izbu.	You have forgotten to clean my room.
Odneste, prosím, riad po raňajkách (po obede, po večeri).	Please, clear away the dirty things after breakfast (after dinner, after supper).
Pozrite, v izbe nesvieti svetlo, ani svetielko pri posteli.	Please, have a look. The light in the room does not work, neither does the bed-light.
Môžem dostať do lampy silnejšiu žiarovku?	Can I get a stronger bulb for my lamp?
Je tu zima a nefunguje ani kúrenie.	It´s cold here and radiator isn´t working.
Radiátory sú studené.	The radiators are cold.

Čo je s kúrením?	What´s the matter with the heating?
Vyvetráte moju izbu každý deň predpoludním?	Would you air my room every morning, please?
Okná nepriliehajú a jedna okenná tabuľa je rozbitá.	The windows do not fit properly and one window-pane is broken.
Dajte mi do izby ešte jeden popolník.	Would you, please, put one more ash-tray in the room?
Nemôžem zatvoriť (otvoriť) šatník.	I can´t shut (open) the wardrobe.
Potrebujem niekoľko prikrývok navyše.	I need a couple of extra blankets.
V skrini nie je dosť vešiakov.	There is not enough coat-hangers in the wardrobe.
Zámka je pokazená.	The lock is broken.
Kohútik na vodovode je pokazený, z kohútika kvapká.	The tap is broken, the tap is dripping.

Mám dať kľúč vrátnikovi, či ho nechať vo dverách? Am I to give the key to the porter, or leave it in the door?

REŠTAURÁCIA　　　　**RESTAURANT**

jedáleň (v hoteli) prístupná hosťom, ktorí nebývajú v hoteli	dining-room open to non-residents
záhradná reštaurácia	open-air restaurant
reštaurácia pre automobilistov (s obsluhou do auta)	drive-in
kaviareň	café
reštaurácia so samoobsluhou	cafeteria
vínna pivnica, viecha	wine cellar
krčma	pub/saloon
hostinec	inn
bistro	snack-bar
mliečny bar a espresso	milk bar and espresso bar
bar	night club
pult (barový)	bar
hostinský	innkeeper
barman	barman/bartender

čašník	waiter
hlavný čašník	headwaiter
čašníčka	waitress
šéfkuchár	chef
vyhadzovač	chucker out
...obsluhovať hostí...	...wait on guests...
pravidelný zákazník	regular customer
...jesť v reštaurácii, jesť mimo domu...	...dine out...
...zaskočiť si na pohárik...	...drop in for a glass...
Čo tak dať si jedno pivo?	What about a beer?
...vysedávať v kaviarni...	...lounge in a café...
chýrny svojou výbornou kuchyňou	famed for its fine cuisine
Kedy otvárate v sobotu?	What time do you open on Saturday?
V sobotu nemáme otvorené.	We´re not open on Saturdays.

Máme otvorené do dvanástej.	We´re open until twelve.
Zatvárame o desiatej.	We close at ten.
Jedlá sa podávajú od 18. do 20. hodiny.	Meals are served between 6 and 8 p.m.
Chcel by som si rezervovať stôl.	I´d like to reserve a table.
Pre koľko osôb si želáte stôl?	A table for how many?
Máte rezervované?	Have you got a reservation?
Budeme dlho čakať, kým sa uvoľní miesto?	Wil we have to wait long till there´s a free place?
Ľutujem, je všetko obsadené.	Sorry, all places are taken.
Keď sa uvoľní miesto, prídem po vás.	As soon as there´s a free place I´ll call you.
Môžem vám nájsť voľné miesto?	May I find you a free place?
Poďte láskavo za mnou.	Would you come this way?/ Will you follow me?

Uvediem vás k vášmu stolu.	I´ll show you to your table.
Bude vám tento stôl vyhovovať?	Will you this table suit you?
Chcete radšej stôl pri okne?	Do you prefer a table by the window?
Želáte si sedieť sám?	Do you wish to sit on your own?
Môžete si sadnúť i do záhrady.	You can also sit in the garden.
Čakáte eště niekoho, prosím?	Are you expecting somebody?
Môžem vám pomôcť s kabátom?	May I take your coat?
Dovoľte, aby som odložil váš kabát v šatni.	Please allow me to put your coat to the cloakroom.
Tu je váš lístok od šatne.	Here is your cloakroom ticket.
...objednať si jedlo...	...order a meal...
Môžete mi priniesť jedálny lístok?	Can I have the menu?
Tu je jedálny lístok.	Here is the menu.

chod	course
...kývnuť na čašníka...	...beckon to the waiter...
Čím môžem poslúžiť?	Can I help you?
Čo nám môžete ponúknuť?	What can you offer us?
Budete, prosím, obedovať?	Will you be having lunch?
Objednali ste si už?	Have you given your order?
Už ste si vybrali?	Would you like to order?
Čo ste si vybrali?	What have you chosen?
Čo by ste si dali?	What would you like to have?
Môžem vám pomôcť vybrať?	Can I help you make the choice?
Ďakujem, objednám si o chvíľu.	Thanks, I´ll order in a moment.
Aké máte diétne jedlá?	What sort of diet food do you have?
...prineste mi...	...get me...
Želáte si ešte niečo?	Would you like anything else?
Želáte si niečo na pitie?	Would you like something to

	drink?
Dávate prednosť bielemu alebo červenému vínu?	Which do you prefer white or red wine?
Bude to všetko?	Will that be all?
Čo si dnes dáme?	What are we having today?
Ľutujem, jahňacina sa minula.	Sorry, the lamb´s off.
nedbalá obsluha	sloppy service
...byť vrcholne nespokojný...	...be extremely dissatisfied...
Ako dlho budeme ešte na to čakať?	How much longer will it be?
...ospravedlňovať sa (za)...	...apologize (for)...
...zaplatiť...	...settle the bill...
účet	bill
Platím, prosím.	Bill, please.
Želáte si to pripísať na váš hotelový účet?	Would you like to put it on your hotel bill?
Budete platiť v hotovosti?	Will you pay cash?

obsluha zahrnutá v cene	service included
Drobné si nechajte.	Here´s your change.
Dnes som na rade (s platením) ja.	It´s on me today.
Dnes platím ja.	It´s my treat.
Rozdeľme sa(účet).	Let´s go halves.
Nezabudni dať čašníkovi sprepitné.	Don´t forget to tip the waiter.
Zaplatíme si každý svoje.	Let´s go Dutch.
Boli ste u nás spokojný?	Have you been satisfied?
Ďakujeme vám za návštevu.	Thank you for your visit.
jedlo	food
Kde je možné sa blízko na-jesť?	Where is the nearest place to eat?
Možno sa stravovať v hoteli?	It is possible to eat in a hotel?
Som veľmi hladný.	I´m very hungry.
Chcel by som si niečo zajesť.	I would like to eat something.

Hľadám dobrú a lacnú reštauráciu.	I´m looking for a good and cheap restaurant.
Je to ďaleko?	Is it far?
Kde sa môžem naraňajkovať?	Where can I have breakfast?
raňajky	breakfast
obed	lunch (dinner)
večera	supper
Kde sa môžem lacno naobedovať?	Where can I get a cheap lunch (dinner)?
Kedy sa podávajú raňajky?	When is the breakfast served?
Chcete sa u nás stravovať?	Do you wish to eat here?
Ďakujem, už som jedol.	I´ve already eaten, thank you.
Dúfam, že vám chutilo.	I hope you´re enjoyed your meal.
Ďakujem, už nemám chuť.	I don´t feel like eating now, thank you.; I haven´t an appetite now, thank you.
Pán hlavný, chcel by som stôl	Waiter, I would like a table for two

pre dvoch (troch, štyroch).	(three, four), please.
Kto tu obsluhuje?	Whose table is this?/ Who is serving at this table?
Nesadli by ste si radšej vonku?	Would you rather sit outside?
Môžem si u vás objednať obed?	Can I give you my order for lunch?
Je tento stôl ešte voľný?	Is this table still free?
Potrebujem dve miesta.	I´d like two places, please.
Doneste mi raňajky.	I´d like to have breakfast, please.
Máte nejaké miestne špeciality?	Have you any local speciality?
Prevláda francúzska kuchyňa.	The cooking here is mainly French.
Máte nejaké rýchlo hotové jedlá?	What have you got quick?
Bude to trvať dlho?	Will it take long?

Čo máte rýchlo hotové?	What have you quick?
Čo mi môžete hneď doniesť?	What can you serve straight away?
Nemám veľa času, ponáhľam sa.	I have very little time, I´m in a hurry.
Nejem vôbec mäso.	I do not eat meat.
Doneste mi, prosím, obed.	I´d like to have dinner (lunch), please.
Stôl je prestretý pre dvoch.	Table is laid for two.
Pán hlavný, doneste mi, prosím čaj!	Waiter, I´d like some tea, please.
Chcel by som kompletné raňajky!	I´d like the full breakfast.
Prosím si kávu a chlieb s maslom a džemom.	Coffee, bread and butter and jam, please.
Dajte mi kakao a pečivo.	Cocoa and rolls, please.
Pán hlavný, prineste mi je-	Could I have the menu, please,

dálny lístok.	waiter.
Čo by ste mi odporúčali?	What would you recommended?
Čo máte dnes na obed?	What have you for lunch (dinner) today?
Aké máte dnes špeciality?	What are your today´s specialities?
Polievku si neprosím.	I don´t want any soup, thank you.
Ako dlho to bude trvať?	How long will it take?
Máte diétne jedlá? (Mám diétu).	I´m on a diet. Have you dietetic food?
Je tu obsluha zarátaná?	Is the service charge included?
Čo platím?	How much, please?; How much is that, please?
Zvyšok si nechajte!	Keep the change.
Je tento stôl voľný?	Is this table free?
Dovolíte?	Will you allow me?
Vy tu obsluhujete?	Are you serving here?

Ako vám chutí polievka?	How do you find the soup?
Podľa chuti pridajte soľ.	Add salt to taste.
Podajte mi, prosím, soľ.	Pass me the salt, please.
Večera mi chutila.	I´ve enjoyed the dinner.
Ešte by som si trochu dal.	I could do with a little bit more.
Som hladný.	I´m hungry.
Som smädný.	I´m thirsty.
Umieram od hladu.	I am starving.
Čaj ťa zohreje.	Tea will warm you up.
Boli sme skoro obslúžení.	We were served in a very short time.
Niečo by som zjedol.	I feel like a snack.
Vonia to sľubne.	It smells promisingly.
Jedli ste už niekedy niečo podobné?	Did you ever taste anything like that?
škoricová chuť	taste of cinnamon
...mať chuť do jedla...	...have a good appetite...

Vyžil by som iba na syre.	I could live on cheese alone.
Čím sú plnené tieto knedlíky?	What are these dumplings filled with?
Prosím, dajte mi dobre prepečené mäso.	I´d like my meat well-done, please.
Prosím si málo prepečené mäso.	I´d like my meat rare, please.
Dajte mi, prosím, veľa (málo) šťavy.	Please, give me a lot of (a little) gravy.
Prosím si šalát s olejom a citrónovou šťavou.	Lettuce with an oil and lemon dressing, please.
Šalát bez octu (s octom).	A salad without vinegar (with vinegar), please.
Prosím si ešte soľ a čierne korenie.	I´d like some more salt and pepper, please.
Dajte mi, prosím, chudé mäso.	I´d prefer meat as lean as possible, please.

Mäso a šťavu si prosím horúce.	I would like the meat and gravy to be hot.
Rezeň nech (nie) je (veľmi) horúci a dobre pokorenený.	I´d like the cutlet (not) (very) hot and well spiced.
Doneste mi zemiakový šalát s majonézou.	Bring me a potato salad with mayonnaise, please.
Majonéza nech je čerstvá.	I´d like the mayonnaise freshly made, please.
Môžete mi pripraviť mäso na ražni?	Can you cook the meat on a spit?
Bez cibule (s cibuľou).	Without onion (with onion).
Mäso si prosím šťavnaté.	Please, make the meat juicy.
Pripravte mi grilované kurča, prosím.	Prepare grilled chicken for me, please.
rozhovor pri stole	conversation at the table
Poslúžte si, ak vám chutí.	Please, do have some more if you like it.

Neunúvajte sa, vezmem si sám.	Don´t trouble, I´ll help myself.
Všetko bolo dobré, výborne mi chutilo.	Everything was wonderful, I did enjoy it.
Niečo by som pil.	I would like something to drink.
Som smädný, ale nechcem vodu.	I´m thirsty but I don´t want water.
Dajte mi, prosím, zoznam nápojov.	Please, bring me the wine list.
Máte aj sudové vína?	Have you any wine from the wood?
Máte aj fľaškové víno?	Have you any bottled wine?
Aké tunajšie vína mi odporúčate?	What kind of local wine can you recommend?
Máte radšej suché alebo sladké víno?	Would you prefer a dry or a sweet wine?
Nie je to víno prikyslé?	Isn´t this wine too dry?

Mám rád sladkasté víno.	I like sweetish wine.
Doneste mi pol litra bieleho vína.	Bring me a pint of white wine.
Prosím si 2 dl červeného vína.	A glass of red wine, please.
Bol by som rád, keby ste mi poslali na izbu fľašu vína.	I´d like you to send a bottle of wine up to my room.
Doneste mi 2 vínové poháre.	Bring me two wine glasses, please.
Smiem vám naliať trocha vína?	May I pour you a drop of wine?
Čo je to za víno?	What kind of wine is that?
Dopite, prosím, svoj pohár!	Drink up, please.
Chutí vám toto víno?	Do you like this wine?
Toto víno je veľmi chutné.	It´s a very good wine.
Mám rád sladkasté (suché) víno.	I like sweet (dry) wine.
Prosíte si pivo?	Would you like some beer?
Aké pivo vám smiem objed-	What kind of beer would you

nať?	like?
Prosíte si svetlé či čierne pivo?	Would you like light or stout?
Ešte jedno pivo, prosím.	Another glass of beer, please.
Pijete rád biele či červené víno?	Would you like white or red wine?
K vínu si prosím slané mandle.	I´d like salted almonds with the wine.
Pred obedom pijem najradšej koňak (cinzano alebo whisky).	Before dinner I prefer a brandy (an aperitif or whisky).
Prajete si whisky so sódou alebo s ľadom?	Would you like your whisky with soda or on the rocks?
Smiem vám pripraviť kokteil?	May I mix a coctail for you?
Po dobrom obede si rád vypijem pohár piva.	I like a glass of beer after a good dinner.
Večer mám najradšej víno.	In the evening I prefer wine.

Na zdravie!	Your health! Cheers!
Na naše priateľstvo.	To our friendship.
Sťažnosti v reštaurácii.	**Complaints in a restaurant.**
Polievka je studená.	The soup is cold.
Mäso je tvrdé.	The meat is tough (leathery).
Ryža nie je dobre uvarená.	The rice is underdone.
Majonéza je skazená (zraze-	The mayonnaise is bad (off).
ná).	
Jedlo je pripálené.	The food is burnt.
Mlieko je kyslé.	The milk is sour.
Porcia mäsa je malá.	There isn´t much meat in this
	portion.
To som si ani neobjednal.	I didn´t even order this.
Nemôžem to jesť – mäso je	I can´t eat it – the meat is bad.
skazené.	

Mäso nie je čerstvé – páchne.	The meat isn´t fresh – it smells bad.
Mäso je pritučné.	The meat is too fatty.
Mám dojem, že ste sa zmýlili.	I think you have made a mistake.
To nemôže tak veľa stáť.	It can´t come too so much, please.
Prepočítajte to.	Would you check it, please.
Tento vínový pohár nie je čistý.	The wine-glass isn´t clean.
Obrus nie je čistý.	The table-cloth is dirty.
Vymeňte mi tento obrus.	Change this table-cloth, please.
...byť pažravý...	...be greedy...
...byť prieberčivý...	...be choosy...

JEDLÁ

MEALS

Polievky.	*Soups.*
kuracia polievka	chicken soup
hovädzia polievka	beef soup
hovädzia polievka s pečeňovými knedličkami	beef broth with liver dumplings
zeleninová polievka	vegetable soup
rybacia polievka	fish soup
kapustová polievka	cabbage soup
hríbová polievka	mushroom soup
šošovicová polievka	lentil soup
hrachová polievka	pea soup
karfiolová polievka	cauliflower soup
fazuľová polievka	bean soup
zemiaková polievka	potato soup
paradajková polievka	tomato soup
vývar	clear soup

falošná korytnačia **polievka**	mock turtle soup
biela **polievka**	thick soup
cesnaková **polievka**	garlic soup
cibuľová **polievka**	onion soup
mäsová **polievka**	meat soup
mäsová polievka s pečeňový- mi knedličkami	meat soup with liver balls
mäsová polievka s vajcom	meat soup with egg
mäsová polievka s rezancami	clear soup with noodles
ryžová **polievka**	rice soup
držková **polievka**	tripe soup
gulášová **polievka**	goulash soup
Druhy a časti mäsa.	*Kinds and parts of meat.*
surové mäso	raw meat
údené mäso	smoked meat

mäsová konzerva	tinned meat
vnútornosti	organ meats (tripes)
obličky	kidneys
bravčové obličky na cibuľke	pork kidneys on onion
pečeň	liver
jazyk	tongue
údený jazyk	smoked tongue
mozog	brain
chvost	tail
mastné jedlá	fatty foods
vrstva tuku	layer of fat
šťava (z mäsa)	gravy
teľacie mäso	veal
teľacie ragú	veal stew
teľacie na paprike	veal in paprika sauce
kus hovädziny	joint of beef
hovädzie mäso	beef

hovädzie varené mäso	boiled beef
hovädzie pečené mäso	roast beef
hovädzie mleté mäso	ground beef
hovädzie zadné mäso	rumpsteak
hovädzí guláš	beef goulash
biftek	steak
biftek s vajcom	beefsteak with egg
krvavý biftek	underdone steak
roštenka	roast beef
sviečková na smotane	roast sirloin of beef in cream sauce
bravčové mäso	pork
bravčové pečené mäso	roast pork
bravčové mleté mäso	ground pork
bravčové mäso s kapustou	roast pork and cabbage
plnený bravčový bôčik	stuffed pork
pečienka	roast meat

rezeň	chop
vyprážaný bravčový rezeň	fried fillet of pork
prírodný rezeň	unbreaded cutlet
viedenský rezeň	wiener schnitzel
tatársky rezeň	tartar steak
jahňacie mäso	lamb
jahňacie rebierko	lamb chop
baranina	mutton
zverina	game
srnčie mäso	venison
diviak	wild boar
králik	rabbit
zajac na smotane	hare in cream sauce
slanina	bacon
párky	sausages; frankfurters
saláma	salami
šunka	ham

chudá šunka	lean ham
šunkové fliačky	dough flakes and ham
údenina	sausage
klobásy	sausages
žemľa s fašírkou	hamburger
párok v rožku	hot-dog
vyprážaný karfiol	fried cauliflower
knedle s vajíčkami	dumplings and eggs
slivkové knedle	plum dumplings

Hydina.   *Poultry.*

kura	chicken
kuracie stehno	chicken leg
kuracie prsia	breast of chicken
pečené kura s plnkou	roast chicken, stuffed
vyprážané kura	fried chicken

hus	goose
pečená hus	roast goose
kačica	duck
pečená kačica	roast duck
moriak	turkey
bažant	pheasant
holub	pidgeon
jarabica	partridge

Ryby a morské živočíchy. *Fish and seafood.*

údenáč	kipper
sleď	herring
korytnačka	turtle
krab	crab
langusta	lobster
lastúra	shell

rak	crayfish
morské živočíchy	sea-foods
makrela	mackerel
morská ryba	sea fish
rybie filé	fish fillet
treska	cod
kapor	carp
šťuka	pike
losos	salmon
pstruh	trout
kaviár	caviar
krab	crab
chobotnica	octopus
ustrice	oysters
krevety	shrimps
sumec	sheatfish
tuniak	tuna

úhor	eel

Prílohy.

Extras.

varené zemiaky	boiled potatoes
opekané zemiaky	fried potatoes
zemiaková kaša	mashed potatoes
zemiakové hranolky	chips
dusená ryža	rice

Šaláty.

Salads.

šalát z uhoriek	cucumber salad
fazuľový šalát	bean salad
paprikový šalát	green pepper salad
hlávkový šalát	green salad
paradajkový šalát	tomato salad

kapustový šalát	cabbage salad
zelerový šalát	celery salad
miešaný šalát	mixed salad
zemiakový šalát	potato salad

Zelenina.   *Vegetables.*

uhorka	cucumber
fazuľa	beans
kapusta	cabbage
mrkva	carrot
petržlen	parsley
zeler	celery
karfiol	cauliflower
kaleráb	kohlrabi
zelená paprika	green pepper
reďkovka	radish

chren	horse-raddish
pór	leek
šošovica	lentils
cibuľa	onion
cesnak	garlic
zemiaky	potatoes
hlávkový šalát	lettuce
špenát	spinach
cvikla	beet
brokolica	broccoli
ružičkový kel	Brussels sprout
hríby	mushrooms
špargľa	asparagus
tekvica	marrow
pažítka	chive

Ovocie.	Fruits.
jablko	apple
hruška	pear
marhuľa	apricot
broskyňa	peach
čerešňa	cherry
višne	morello
slivka	plum
jahody	strawberries
lesné jahody	wild strawberries
záhradné jahody	garden strawberries
maliny	raspberries
egreš	gooseberries
ríbezle	currants
hrozno	grapes
datľa	date

brusnice	bilberries
černica, ostružiny	blackberries
čučoriedky	blueberries
dule	quinces
figa	fig
banán	banana
pomaranč	orange
mandarínky	tangerines
citrón	lemon
grapefruit	grapefruit
kivi	kiwi
melón	melon
ananás	pineapple
vlašský orech	walnut
búrske oriešky	peanuts
lieskovec	hasel nut
gaštany	chest nuts

kokosový orech	coconut

Dezerty. *Desserts.*

zákusok	dessert
biskvit	sponge cake
sušienka, suchár	biscuit
koláč	cake
jablkový koláč	apple cake
jablká v župane	apple fritters
jablková žemľovka	bread and butter pudding with apples
mandľový koláč	almond cake
slivkový koláč	plum cake
čerešňová bublanina	cherry cake
šišky	doughnuts
sladkosti	sweets

zákusky	cream cakes
zákusok (so šľahačkou) ozdo-	mousse
bený ovocím	
zmrzlina	ice-cream
citrónová zmrzlina	lemon ice-cream
jahodová zmrzlina	strawberry ice-cream
malinová zmrzlina	raspberry ice-cream
miešaná zmrzlina	mixed ice-cream
smotanová zmrzlina	ice-cream with fesh cream
vanilková zmrzlina	vanilla ice-cream
čokoládový puding	chocolate pudding
vanilkový puding	milk pudding
kompót	stewed fruit
lekvár	jam
marhuľový lekvár	apricot jam
pomarančový lekvár	marmalade
slivkový lekvár	plum jam

žuvačka	chewing gum
cukríky	drops
tabuľka čokolády	bar of chocolate
pukance	popcorn

Jedlá.

Meals.

chlieb	bread
čerstvý chlieb	fresh bread
čierny chlieb	black bread
biely chlieb	white bread
hrianka	toast
chlebíčky (obložené)	sandwiches
obložený chlebíček	canapé
rožok	roll
sendvič	butty
plnený rožok	croissant

obilniny	cereales
ovsené vločky (kaša)	porridge
kukuričné vločky	cornflakes
suchár	cream crackers
cestoviny	pasta
rezance	noodles
hrubé rezance	thick vermicelli
tenké rezance	fine vermicelli
makaróny	macaroni
špagety	spaghetti
med	honey
vajce	egg
vajce na tvrdo	hard-boiled egg
vajce na mäkko	soft-boiled egg
volské oko	fried egg
šunka s vajcom	ham and eggs
údená slanina	smoked bacon

zaváranina	bottled fruit
hranolky	chips
zemiaková kaša	mashed potatoes
ryža	rice
paštéta	paté
sviečkové rezy	tournedos
omáčka	sauce
guláš	stew
mäsová knedľa	meat ball
husacia paštéta	goose-liver, paté
huspenina	aspic
jaternica	liver sausage
nárez (salámový)	sliced salami
ruské vajce	Russian egg
rybí šalát	fish salad
sardinky v oleji	sardines in oil
sardinky v rajčinovej omáčke	sardines in tomato sauce

knedlík	dumpling
slimáky	snails
šalát z rakov	crayfish salad
palacinky	pancakes
plnka	filling/stuffing

Mliečne výrobky. *Dairy products.*

mlieko	milk
čerstvé mlieko	fresh milk
kyslé mlieko	sour milk
odstredené mlieko	skimmed milk
plnotučné mlieko	whole milk
sušené mlieko	dried milk
studené mlieko	cold milk
smotana (šľahačka)	whipped cream
cmar	buttermilk

jogurt	yoghourt
maslo	butter
majonéza	mayonnaise
syr	cheese
tvrdý syr	hard cheese
tavený syr	processed cheese
čerstvý kravský syr (tvaroh)	cottage cheese
holandský syr	Dutch cheese
ovčí syr	sheep cheese
kozí syr	goat´s cheese
mäkký syr	soft cheese
švajčiarsky syr	Swiss cheese
údený syr	smoked cheese
smotanový syr	cream cheese
plesňový syr	Roquefort cheese

Nápoje.	*Drinks.*
nealkoholické nápoje	*soft drinks*
čaj	tea
čaj s citrónom	tea with a slice of lemon
čaj s mliekom	tea with milk
cukor	sugar
bez cukru	without sugar
kakao	cocoa
káva	coffee
čierna káva	black coffee
(biela) káva s mliekom	white coffee
káva s mliekom (biela)	French coffee
káva v prášku	instant coffee
prekvapkávaná káva	percolated (perked) coffee
sódová voda	soda water

šťava	juice
citrónová šťava	lemon juice
citronáda	lemon squash
čučoriedková šťava	bilberry juice
hroznová šťava	grape juice
jablčná šťava	apple juice
limonáda	lemonade
malinová šťava	raspberry juice
ovocná šťava	fruit juice
pomarančová šťava	orange juice
rajčinová šťava	tomato juice
alkoholické nápoje	*alcoholic drinks*
liehoviny	spirits
víno	wine
varené víno	mulled wine, spiced wine

biele víno	white wine
červené víno	red wine
burčiak	must, new wine
kyslé víno	dry wine
ľahké víno	light wine
mladé víno	young wine
ovocné víno	wine cup
mušt	must
staré víno	old wine
stolové víno	table wine
šampanské	champagne
ťažké víno	heavy wine
tohoročné víno	this year´s wine
veľmi trpké víno	very dry wine
vermut	vermouth
pivo	beer
čierne pivo	stout/porter

fľaškové pivo	bottled beer
ležiak	lager
malé pivo	a small glass of beer
pohár piva	a glass of beer
studené pivo	cold beer
sudové pivo	draught beer
zahraničné pivo	foreign beer
svetlé pivo	light beer
tvrdý alkohol, destilát	*liquor*
borovička, džin	gin
čerešňovica	cherry brandy
čerešňový likér	cherry liqueur
koňak	cognac
rum	rum
slivovica	plum brandy

vaječný likér	egg liqueur
grog	grog
punč	punch
čistá whisky	straight (plain) whisky
whisky s ľadom	whisky on the rocks
ražná	rye
vaječný koňak	eggnog
šumivé víno	sparkling wine

potraviny *food-stuffs*

mrazené potraviny	frozen food
potravinové polotovary	free-prepared food
konzervované potraviny	preserved food
prísady	flavourings
ocot	vinegar
olej	oil

rastlinný olej	vegetable oil
olivový olej	olive oil
masť	fat, lard
soľ	salt
štipka soli	dash of salt
osoliť niečo	put salt in s.t.
paprika	red pepper
múka	flour
cukor	sugar
horčica	mustard
škorica	cinnamon
klinčeky	cloves
mäta	mint
rasca	caraway
korenie	spice
čierne korenie	black pepper
biele korenie	white pepper

štipľavý, ostrý	hot
bobkový list	bay leaf
muškátový orech	nutmeg
cukornička	sugar-basin
soľnička	salt cellar
špáradlo	tooth-pick
fľaša	bottle
pohár	glass
kanvica	pot
kanvica s kávou	coffee pot
kanvica na čaj	tea-pot
prestávka na čaj	tea-break
čajovňa	tea-shop
krčah s mliekom	jug of milk
príbor	cutlery
lyžica	spoon
kávová lyžička	coffee spoon

polievková lyžica	soup spoon
nôž	knife
vidlička	fork
vidlička na zákusky	cake-fork
obrus	table-cloth
šálka	cup
šálka na čaj	tea cup
šálka na kávu	coffee cup
šálky a tanieriky	cups and saucers
popolník	ash-tray
tácňa	tray
tanier	plate
tanier na polievku	soup plate
konzerva	can/tin
porcia	helping
jedna porcia	one serving
...chuť, ochutnať...	...taste...

...piť...	...drink...
...jesť...	...eat...
...piecť...	...roast...
...rýchlo opražiť...	...sauté...
predjedlo	hors d´oeuvre
...olúpať kožu...	...peel off the skin...
...pokrájať na plátky...	...cut into slices...
čerstvý	fresh
hustý	thick
chudý	lean
jemný	fine
korenistý	seasoned
mäkký	tender, soft
naložený	pickled
plnený	stuffed
flambovaný	flambé
pripálený	burnt

šťavnatý	juicy
tuhý	tough
zrelý	ripe
úprava jedál	food trimmings
dusenie	stewed
...šľahať do spenenia...	...beat until foamy...
sušené	dehydrated, dried
...nahradiť maslo olejom...	...substitute oil for butter...
bochník	loaf (loaves)
...namazať krajec chleba maslom...	...spread butter on a slice of bread...
kuchta	pressure-cooker
termoska	vacuum flask
podľa receptu	after recipe
sýte jedlo	stuffy meal
chutný	tasty
bez chuti	tasteless

velký jedák	big eater
Musíš poriadne jesť.	You must eat properly.
...prejedať sa...	...load up (on)...
diéta	diet
...schudnúť...	...reduce weight...
Je samá kosť a koža.	He´s all skin and bones.
výživa	nutrition
príprava jedál	preparation of food
objednávka	order
...napiť sa...	...have a drink...
...rozliať, vyliať nápoj...	...spill the drink...
...chľast, chľastať...	...booze...
Je opitý (na mol).	He´s (dead) drunk.
triezvy	sober
abstinent	abstainer
„kocovina", stav po vytriez- vení	hangover

nadmerné pitie	excessive drinking
Táto značka sa dobre pije.	This brand drinks well.
...odzátkovať fľašu...	...uncork the bottle...
otvárač na fľaše	bottle opener
...naliať do pohára...	...pour into a glass...
polliter (pohár na pivo)	beer mug
čapované	on draught
plný až po okraj	full to the brim

ORIENTÁCIA V MESTE   GETTING ABOUT TOWN

po celej Bratislave	all over Bratislava
mesto	city
stred mesta	town centre
veľkomesto	big city
vidiecke mestečko	provincial town
predmestie	suburb
...chodiť po meste...	...get about town...
...ísť po ulici...	...go along a street...
...ukázať cestu...	...direct...
smer	direction
autobusová zastávka	bus-stop
taxík	taxi
...prestúpiť (na, do)...	...change (for)...
dvojposchodový autobus	double-decker
šofér	driver
...vysadiť z vozidla...	...drop...
preplnený	crowded

obsadené	full up
...nastúpiť...	...get on...
električka	tram
...odovzdať svoj lístok...	...give up one´s ticket...
...vysadiť niekoho...	...put off...
zastávka na znamenie	request stop
...ísť autobusom...	...take a bus...
trolejbus	trolley-bus
konečná stanica	terminus
Pevne sa držte!	Hold tight!
dopravná špička	peak hour/traffic jam
prednosť v jazde	right of way
semafory	traffic lights
križovatka	crossing
spojenie	connection
prechod (cez ulicu)	crossing
námestie	square

banka	bank
pohyblivé schody	escalator
kostol	church
sprievodca	conductor
cudzinec	foreigner
vchod	entrance
východ	exit
Chcete sa odviezť?	Do you want a lift?
Môžete ma odviezť?	Can you give me a lift?
až k mostu	as for as the bridge
trať	line
poloha	location
...ísť okolo...	...pass by...
rovno (dopredu)	straight on
Nepoznám to tu.	I am a stranger here.
podchod, metro	subway
...dať sa prvou ulicou dopra-	...take the first turning to the

va...	right...
telefónna búdka	telephone box
...odbočiť...	...turn off...
zákruta	turning
metro	tube/underground
...zablúdiť...	...lose one´s way...
...uberať sa k východu...	...make one´s way out...
cesta von	way out
priechod	zebra crossing
adresa	address
...opýtať sa na cestu...	...ask for the way...
...prejsť (cez ulicu)...	...cross...
...hľadať...	...look for...
za rohom	round the corner
...ukázať cestu...	...tell the way...
...odbočiť...	...turn...
Je to ďaleko?	Is it far?

Je to ďaleko odtiaľto.	It´s a long way from here.
Je to blízko nášho hotela.	It´s near our hotel.
Môžete ísť autobusom číslo 7.	You can take the bus Number 7.
Môžeme ísť metrom.	We can go by tube.
Zastávka autobusu je na rohu.	The bus stop is at the corner.
Prepáčte, môžete mi ukázať cestu na Hill Street?	Excuse me, can you tell me the way to Hill Street?
Choďte touto ulicou.	Walk along this street.
Choďte touto ulicou až po obchodný dom.	Go along this street as far as the department store.
Krčma je hneď za rohom.	The pub is just round the corner.
Je to celkom blízko.	It´s quite near.
Je to dosť ďaleko, mali by ste ísť autobusom.	It´s rather far, you should take a bus.
Banka je naľavo.	The bank is on your left.
Odbočte doľava (doprava).	Turn left (right).
Je to naľavo.	It´s on your left.

Daj pozor na auto.	Mind the car.
...ísť do (stredu) mesta...	...go downtown...
cukráreň	sweet shop, confectionery
...ísť po ulici...	...walk along the street...
na druhej strane	on the off side
široká ulica	avenue
bulvár	boulevard
ulička	lane
alej, ulička	alley
slepá ulička	blind alley
dvor	court
námestie	square
kruhové námestie	circus
vedľajšia ulica	side street
nábrežie	embankment
chodník	pavement/sidewalk
obrubník	kerbstone

roh ulice	street corner
hodina dopravnej špičky	rush hour
verejná doprava	*public transport*
...pravidelne cestovať (do práce)...	...commute...
predplatný lístok	season ticket
električka	street-car
autobus	coach/bus
...vystúpiť...	...get off...
priechod pre chodcov	pedestrian crossing
svietiť červeno, žlto, zeleno	show red, amber, green
chodec	pedestrian
okoloidúci	passer-by
...naraziť (do)...	...bump (into)...
...zaparkovať auto na ulici...	...park a car in a street...

parkovisko	car park/parking place
parkovacie hodiny	parking meter
dopravný strážnik	traffic warden
...riadiť dopravu...	...regulate the traffic...
...platiť pokutu...	...pay a fine...
policajt	policeman
taxík	cab
taxikár	taxi driver
...zastaviť taxík...	...hail a taxi...
Ste voľný?/obsadený?	Are you free?/engaged?
Kam, prosím?	Where to, please?
Koľko platím?	What's the fare?
...dať vodičovi prepitné...	...tip the driver...
Stojí tu štrnástka?	Does No. 14 stop here?
Staňte si do radu na sedmič-ku.	Queue up here for No. 7.
Tento autobus nechodí okolo	This bus doesn't pass the sta-

stanice.	tion.
Choďte (autobusom) trojkou.	Get on a number 3 bus.
Ak pôjdete stadiaľto električkou o siedmej, určite tam budete včas.	If you take a tram from here at seven, you will be sure of getting there in time.
Všetko plné.	Full up inside.
Plno voľných sedadiel.	Plenty of seats inside.
Žiadne miesta (ani) na státie.	No standing room.
Postúpte do voza!	Step along!
Lístky, prosím!	Fares, please!
Jeden lístok na Piccadilly Circus.	One to Piccadilly Circus.
Musím vystúpiť na najbližšej zastávke.	I´ve got to get off at the next stop.
Ako sa najlepšie dostanem (do, na)...?	What is the best way (to)...?
Povedali by ste mi, ako sa	Would you tell me how to get

dostanem (do, na)...?	(to)...?
Ukázali by ste mi cestu (do)...?	Would you mind telling me the way (to)...?
Idem správne (do, na)...?	Am I right (for)...?
Ako dlho to trvá?	How long does it take?
Práve ste to prešli.	You walked right past it.
Choďte priamo.	Go straight ahead.
Zahnite doľava.	Turn to the left.
Choďte druhou ulicou dopra-va.	Take the second street to the right.
Je to hneď za rohom.	It´s just round the corner.
Nemôžete to prejsť (nezbadat).	You can´t miss it.
Budete tam čo nevidieť.	You´ll be there in no time.
dopravné prostriedky	means of transport
Chcem ísť na stanicu (na poštu, do divadla).	I want to go to the station (post-office, theatre).
Ako sa ta dostanem – auto-	How do I get there – by bus,

busom, električkou, trolejbusom, metrom?	tram, trolley-bus, underground?
Chodí do... tento autobus?	Does this bus go to...?
Čo stojí jedna cesta?	How much is the single fare?
Kde je zastávka autobusu (trolejbusu, električky, metra)?	Where is the bus-stop (trolleybus-stop, tram-stop, underground-station)?
Autobus zastaví len na znamenie.	The bus only stops on request.
To je stála zastávka.	It is a regular stop.
Treba dlho čakať?	Do I have to wait a long time?
Chodí každých 10 minút.	It runs every 10 minutes.
Môžem ísť metrom?	Can I go by underground?
Ktorou traťou mám ísť?	Which line do I take?
Chcel by som sa dostať (na, k)...	I want to get to...
Mohli by ste mi, prosím, po-	Could you tell me, please, where

vedať, kde mám prestúpiť (vystúpiť)?	I have to change (get off)?
Platí mi ešte tento lístok?	Is this ticket still valid?
Nasledujúca stanica je...	The next station is...
Tam sa spýtajte, kde je... ulica.	Ask there for... Street.
Kde je tu stanovište taxíkov?	Where is the taxi-stand?
Taxi!	Taxi!
Ste voľný?	Are you for hire?
Zavezte ma do (na, k)..., prosím.	Will you take me to..., please.
Choďte prosím, rýchlejšie.	I´m in a hurry, will you go faster, please?
Zastavte pri tomto obchode a čakajte, prosím.	Stop outside this shop, please and wait for me.

orientácia v meste	directions in town
v meste	in town
prehliadka mesta	town-sightseeing
Ako sa dostanem do... ulice?	How do I get to... street, please?
Kade je najbližšie do (k, na)...?	Which is the shortest way to..., please?
Kde je, prosím...?	Where is..., please?
Ktorým smerom mám ísť?	Which way do I go?
Kam vedie táto ulica?	Where does this road lead to, please?
Zablúdil som, prosím, pomôžte mi.	Can you help me, please, I have lost my way.
Musíte sa vrátiť, idete opačným smerom.	You´ll have to go back, you´re going in the wrong direction.
Kde je tu námestie...?	Where is ...Square?
Koľko minút trvá cesta pešo?	How long does it take to get

	there on foot?
Choďte prvou ulicou vpravo (vľavo).	Take the first turning to the right (left).
Prvá (druhá, tretia) ulica napravo (naľavo).	The first (second, third) road on the right (left).
Môžem ísť aj pešo?	Can I get there on foot?

NÁKUPY　　　　　　　　　**SHOPPING**

...obchod s potravinami...	...grocery...
...mliekareň...	...dairy...
...mäsiar...	...butcher...
...zelenina...	...greengrocer...
...pekáreň...	...bakery...
...lahôdky...	...delicatessen...
...drogéria...	...chemist...
...kvetinárstvo...	...florist...
...kníhkupectvo...	...bookshop...
...železiarsky tovar...	...hardware...
...klenoty...	...jewelry...
...porcelán...	...china-shop...
...hračkárstvo...	...toy-shop...
...športové potreby...	...sports goods
Čím vám môžem poslúžiť?	Can I help you?
Aké máte číslo? (topánok)	What size do you take?
Mám sedmičku.	I take size seven shoes.

Máte čierne?	Have you got this in black?
Práve sme ich dostali.	We´ve just got them in.
Vyberte si.	Make your choice.
Môžem si ich vyskúšať?	Can I try this on?
Nevyhovuje mi to.	It doesn´t suit me.
Trochu ma tlačia.	It´s a bit tight here.
Potrebujem o číslo väčšie.	I need a size larger.
Potrebujem sako podľa najnovšej módy.	I need a jacket in the latest fashion.
Je mi malé.	I can´t get into this.
Toto je pohodlné.	It´s comfortable to wear.
Koľko to stojí?	How much does it cost?
Nemôžem si to dovoliť.	I can´t afford it.
Ešte niečo?	Anything else?
Zabaľte to, prosím.	Wrap it up, please.
Účet zaplatíte pri pokladnici.	Pay the bill at the cash-desk.
Ešte ste mi nevydali.	I haven´t got my change yet.

Odevy.	Clothes.
Pánske odevy.	*Men´s wear.*
oblek	suit
sako	jacket
vesta	waistcoat
nohavice	trousers
opasok	belt
džíny	jeans
viazanka	tie
ponožky	socks
spodky	underpants
trenírky	undershorts
slipy	briefs

Dámske odevy.	Ladies´wear.
šaty	dress
večerné šaty	evening dress
kostým	two-piece dress
nohavicový kostým	trouser suit
sukňa	skirt
sako	coat
blúzka	blouse
sveter	jumper/sweater
pulóver	pullover
tričko s krátkym rukávom	T-shirt
plášť	coat
kabát	coat
kožuch	fur coat
zimná bunda	anorak
kapucňa	hood

dámske prádlo	lingerie
podprsenka	bra
nohavičky	panties
pančuchové nohavičky	tights
pančuchy	stockings

DOVOLENKA   **HOLIDAY**

vidiek	countryside
...vziať si mesačnú dovolen-ku...	...take a month´s holiday...
dovolenka, prázdniny	holiday/vacation
letné prázdniny	summer holiday
dva dni voľna	two days off
dovolenkár	holiday-maker/vacationer
na dovolenke v Tatrách	on holiday in the Tatras/vacationing in the Tatras
víkendový výletník	weekend tripper
na vrchole sezóny	in high season
turistické strediská	tourist resorts
úradník v cestovnej kancelárii	travel agent
...rezervovať si dvojtýždňový pobyt...	...book a fortnight´s stay...
dlhodobá rezervácia	long advance booking
služobná cesta	bussiness trip

výlet	trip
turistická cesta	pleasure trip
cestovné výdavky	travelling expenses
...ísť na peší výlet...	...go hiking/go for a hike...
...vyraziť niekam...	...set out for a place...
...táboriť...	...go camping...
...cestovať autobusom...	...hitchhike...
cesta pešo	journey on foot
túra (pešo)	bike
výlet	outing
turista	biker
chodníček	footh-path
obruba na chodníku	curb
...vydať sa (na)...	...set out (on)...
...cestovať naľahko...	...travel light...
...zablúdiť...	...lose the way...
tábor, táboriť	camp

zrub	cabin
chata	chalet
dovolenka pod stanom	camping holiday
táborisko	camping
...táboriť...	camp out...
...nájsť táborisko...	...find a campsite...
...postaviť stan...	...pitch the tent...
stan	tent
kolíky	pegs
...zatĺcť kolíky...	...hammer in the pegs...
tyč	tent pole
spací vak	sleeping bag
...spať v spacom vaku...	...sleep in a sleeping bag...
táborák	campfire
...zapáliť oheň...	...light the fire...
piknik	picnic
rieka	river

ruksak, batoh	rucksack
...niesť ťažký batoh...	...carry a heavy rucksack...
...ísť rýchlym krokom...	...walk at a good pace...
...odpočívať...	...take a rest...
Bolia ma nohy.	My feet hurt.
...pokračovať v ceste...	...continue on one´s way...
Kde je tu táborisko?	Where is the camping site?
Kde si tu môžeme postaviť stan?	Where can we put up the tent?
Je to táborisko strážené aj v noci?	Is there an attendant on duty at the camp in the night too?
Kde mám nechať auto?	Where should I put the car?
Je to pitná voda?	Is this drinking water?
Kde sa môžeme sprchovať?	Where can we have a shower?
Je táborisko v noci osvetlené?	Is the campsite lit at night?
Kde sú záchody?	Where are the lavatories?
Kde môžem kúpiť potraviny?	Where can I buy food?

Ako ďaleko je to do mesta?	How far is it to town?
Zájdem tam pešo?	Can I get there on foot?
Koľko platím za stanovanie?	How much do I pay for camping?
Koľko platím za parkovanie?	How much do I pay for parking?
...bývať v súkromí...	...stay in rooms...
nocľaháreň	hostel
domček	cottage
motel	motel
rekreačné stredisko	resort
...plávať...	...swim...
...potápať sa...	...dive...
...opaľovať sa...	...sunbathe...
Zostali sme tam cez víkend.	We stayed there over the weekend.
...platiť nájomné...	...pay rent...
...zaplatiť zálohu...	...pay a deposit...
nájomník	tenant

posteľ	bed
posteľná bielizeň	bed-clothes
skriňa	cupboard
spálňa	bedroom
stôl	table
stolička	chair
elektrické svetlo	electric light
šatník	wardrobe
vypínač	switch
záclony	curtains
zástrčka	plug
zásuvka	drawer
zrkadlo	mirror
zvonček	bell
Je na výlete.	He´s on a trip.
Išli sme pozdĺž rieky.	We walked along the river.
...brodiť sa cez potok...	...wade across a stream...

...ísť skratkou...	...take a short cut...
...vydať sa do hôr...	...take to the hills...
...stúpať...	...climb up....
...stúpať do kopca...	...climb uphill...
...vystúpiť na kopec...	...climb a hill...
...zostupovať...	...climb down...
zadychčaný	out of breath
...odpočinúť si...	...take a rest...
horolezectvo	climbing
horolezec	climber
...kúpať sa v mori...	...bathe in the sea...
pobyt pri mori	a stay at the seaside
Rieka poskytuje dobré možnosti kúpania.	The river affords good bathing.
...omočiť sa...	...take a dip...
...skočiť do bazéna...	...jump in a swimming pool...
...veslovať na kajaku...	...row a kayak...

...veslovať na kanoe...	...paddle a canoe...
Rieka nie je splavná.	The river isn´t navigable.
...najať, nájomné...	...rent...
bicykel	bicycle/bike
...mať poruchu (motora)...	...break down...
prívesný voz	caravan
vodičská skúška	driving test
vozovka rozdelená uprostred stromami, plotom	dual carriage-way
voz typu combi	estate car
prekročiť (rýchlosť)	exceed
parkovisko na diaľnici	lay-by
zadné sedadlo na motorke	pillion
rýchla jazda	speeding
voz typu combi	station-wagon
prejazd zakázaný	no throughfare

Na colnici.	At the Customs.
Čo je účelom vašej cesty?	What is the purpose of your visit?
vstupné vízum	entry visa
bezvízový styk	visa-free travel
Ako dlho sa tu zdržíte?	How long do you intend to stay?
doba pobytu	time of stay
...uviesť predpokladanú dobu pobytu...	...state the intended length of the stay...
...pridelenie valút...	...allocation of foreign currency...
...prekročiť hranicu...	...cross the frontier/border...
...prejsť pasovou kontrolou...	...go through the passport control...
úradník pasovej kontroly	Immigration Officer
...prejsť colnou prehliadkou...	...go through the customs examination...
colník	customs officer

Máte niečo na preclenie?	Have you anything to declare?
...prihlásiť na preclenie...	...declare...
...zatajiť...	...not declare...
...otvoriť kufor...	...open one´s case...
...podliehať clu...	...be subject to duty...
...vec podliehajúca clu...	...dutiable article...
...nepodliehať clu...	...duty-free...
...zaplatiť clo...	...pay duty...
osobné veci	personal things
pre osobnú potrebu	for personal use
...pašovať...	...smuggle...
pašerák	smuggler
Môžete postúpiť, ísť ďalej.	You may pass on.
zahraničná mena	foreign currency
zmenáreň	exchange office

ŠPORT   SPORTS

aerobik	*Aerobics*
beh	jogging
rozhodca	judge
skok	jump
vykopnutie	kick
beh na mieste	running on the port
úklon	side bender
drep	squat
krok dozadu	step backward
krok dopredu	step forward
krok do strany	step sideward
rozkročiť	straddle
natiahnuť	stretch
obrat	turn

bejzbal	**Baseball**
pálka	bat
hlásateľ	announcer
rozhodca	arbiter
bekhend	backhand
lopta	ball
méta	base
obranca	baseman
bežec	baserunner
odpálená loptička	batted ball
pálkar	batter
odpaľovanie	batting
striedačka	bench
čiapka	cap
lapač	catcher
rukavica	glove

chytanie loptičky	catching
hracia plocha	diamond
roh ihriska	corner
aut	down
prerušená hra	dead ball
obrana	defense
odložený zápas	delayed game

basketbal	*Basketball*
územie	area
útok	attack
lopta	ball
kôš	basket
protiútok	break
prihrať	bypass
rozhodca	referee

kapitán	captain
kruh	circle
dotyk	contact
ihrisko	court
zdržiavať hru	delay a game
driblovať	dribble
faul	foul
trestný hod	free throw
brániť	guard
držať loptu	hold the ball
výskok	jump
vyhrávať	lead
čiara	line
stredová čiara	center line
prihrávka	pass
obrátka	pivot
bod	point

postavenie	position
hádzaná	*Handball*
obrana	checking
výmena strán	change of sides
lopta	ball
vysoká lopta	high ball
zlá prihrávka	blind pass
vylúčenie	expulsion
tréner	coach
protiútok	counter attack
križovanie	crossing of players
trest	penalty
zastaviť hru	stop the play
prerušený čas	duration of the suspension
striedanie	replacement

gól	goal
dať gól	score
bránka	goal
žrď bránky	goal post
polčas	half time
volejbal	***Volleyball***
smečiar	attacker/hitter
náhradník	substitute
smeč	power hit
čiarový rozhodca	linesman
útočná čiara	attack line
útočné územie	attack zone
lopta v sieti	ball in the net
lopta mimo hry	ball out the bounds
blokovanie	blocking

chytiť loptu	catch the ball
odbiť loptu	dig the ball
držaná lopta	holding
dobrá lopta	scored ball
podávať loptu	serve
podanie	service
set	set
začiatok setu	start of set
víťazný set	set won
nahrávka	set up
spodná prihrávka	digging
dotknúť sa lopty	contact the ball
stratiť podanie	lose the rally
nepresné podanie	missing service
zmena podania	change of service
prešľap	crossing net line
strata	drop

získať stratu	win a side out
koniec hry	end of set

krasokorčuľovanie	***Figure Skating***
víťaz	winner
rozhodca	judge
športové dvojice	pair-skating
choreografia	choreography
rytmus	rhythm
umelecký dojem	artistic merit
tempo	tempo
exhibícia	exhibition
skok	jump
dvojitý skok	double jump
trojitý skok	triple jump
povinné tance	compulsory dances

povinné cviky	compulsory figures
voľná jazda	free skating
vlnovka	change
pirueta	pirouette
roznožka	split
pád	fall
chyba	fault
známka	mark

gymnastika	*Gymnastics*
športová gymnastika	artistic gymnastics
náradie	apparatus
kladina	balance beam
hrazda	horizontal bar
švihadlo	jump rope
žinenka	landing mat

trampolína	trampoline
odrazový mostík	beat-board
žrď	pole
lano	rope
rozcvičovanie	body conditioning
oblúk	arc
prehnutie	arch
kotúľ vpred	forward roll
kotúľ vzad	back roll
salto	somersault
stoj na rukách	handstand
stoj na hlave	headstand
vis	hang
salto	salto
skok	vault
zoskok	dismount

futbal	Soccer
zápas	match
hráč	player
prihrávať	center
zaútočiť	challenge
odraziť útok	clear
získať loptu	clutch the ball
spracovať loptu	collect the ball
prihrávka	pass
prihrať	give the pass
hlavičkovať	head
strieľať	hit the ball
stratiť loptu	lose control of the ball
rohové územie	corner area
trestné územie	penalty area
obranné pásmo	defensive zone

kop	kick
rohový kop	corner
pokutový kop	penalty kick
zakázaná hra	foul
brankár	goalkeeper
útočník	attacking player
krídlo	flank
ľavé krídlo	outside left
pravé krídlo	outside right
nerozhodný výsledok	draw
predĺžiť zápas	extend a match
predĺženie	extra time
remíza	tie
gól	goal
vlastný gól	own goal
dať gól	score a goal
hlavička	header

strelec gólu	goal scorer
polčas	half-time
žltá karta	yellow card
červená karta	red card
vylúčiť zo zápasu	send off
prerušiť hru	stop the game

ľadový hokej — *Ice Hockey*

útok	attack
útočné pásmo	attacking zone
bránenie	checking
obrana	defense
obranné pásmo	defending zone
ľavý obranca	left defense
pravý obranca	right defense
krídlo	wing

ľavé krídlo	left wing
pravé krídlo	right wing
mantinel	board
bránka	cage
hokejka	stick
vhadzovať puk	drop the puck
vhadzovanie	face-off
prihrávka	feeding/pass
prihrávka rukou	hand pass
hra vysokou hokejkou	high-sticking
zakázané uvoľnenie	icing
postavenie mimo hry	off side
penalta	penalty
trestné strieľanie	penalty shot
čiara	line
modrá čiara	blue line
červená čiara	red line

góliy	score
plávanie	*Swimming*
bazén	course
znak	backstroke
prsia	breaststroke
motýlik	butterfly stroke
kraul	crawlstroke
plávanie na boku	side stroke
odraziť sa	push off
preteky	race
štafeta	relay
štafeta družstiev	team relay

tenis	*Tennis*
bekhend	backhand
forhend	forehand
výhoda	advantage
dvorec	court
hra	game
lopta	ball
bod	point
získať bod	win a point
skrátená lopta	drop shot
základná čiara	base line
úder	ground stroke
smeč	smash
podanie	service
zmena podania	change of places
chybné podanie	service fault

druhé podanie	second service
zhoda	deuce
dvojhra	singles
štvorhra	doubles game
stav	score

golf / *Golf*

golfový klub	club
minigolf	minigolf
golfové ihrisko	golf course
golfová palica	club
uhol palice	lie
hracia dráha	fairway
jamka	hole
dohrávka do jamky	putt
prekážka	hazard

úchop	grip
švih	swing
cyklistika	***Cycling***
okruh	circuit
cyklistická dráha	cycling track/velodrome
cyklistické preteky	cycle race
cyklokros	cyclocross
kolo	lap
dráha	track
pelotón	peloton
pretekár	rider
bicykel	bicycle/cycle
pretekársky bicykel	racing cycle
cyklistická prilba	cycling helmet
cyklistické nohavice	cycling shorts

tričko	jersey
štart	start
štartový výstrel	gun sound
blokovať	block
predbehnúť	overtake
spomaliť	slow down
zrýchliť	speed up
šprint	sprint
unikať	break away
defekt	defect
cieľová čiara	finish line

lyžovanie	*Skiing*

lavína	avalanche
kopec	hill
lanovka	cable car

sedačková lanovka	chair-lift
vlek	lift
zjazd	downhill
slalom	slalom
bubnovitá trať	mogul course
lyže	skis
palica	pole
topánka	boot
klipsová topánka	buckle boot
viazanie	binding
bezpečnostné viazanie	release binding
vosk	binder
rovnovážny postoj	balanced position
pokrčiť v kolenách	bend at the knee
drep	crouch
skok	jump
dopad	landing

oblúk	bend/christie
obrat	turn
pluh	wedge
brzdenie	braking
pád	fall
prisunúť lyžu	draw parallel
držať stopu	follow the track

VZDELANIE   EDUCATION

ministerstvo školstva	Department of Education
školský zákon	education act
fakulta	faculty
filozofická fakulta	Faculty of Arts/Philosophical Faculty
lekárska fakulta	Medical Faculty
stavebná fakulta	School of Architecture
Vysoká škola ekonomická	School of Economics
Vysoká škola poľnohospo-dárska	College of Agriculture
absolvent	schoolleaver
poslucháč	undergraduate
študent denného štúdia	full-time student
študent diaľkového štúdia	part-time student
vysokoškolák	university student
študent posledného ročníka	final-year student
profesor	profesor

docent	senior lecturer/reader
asistent	lecturer
katedra	academic department
vedúci katedry	head of the department
dekanát	the dean´s office
dekan	dean
prodekan	subdean
rektor	rector
pedagóg	academic
...chodiť na vysokú školu...	...go to university...
...uchádzať sa o prijatie...	...apply for a place...
...zúčastniť sa prijímacieho pohovoru...	...sit for an entrance examination...
...ísť na pohovor...	...go for an interview...
odbor	subject/academic discipline
špecializácia	specialization
semester	term

...zložiť skúšku...	...pass an exam...
...nezložiť záverečnú skúš-ku...	...fail the final exam...
...mať trému...	...be scared...
...mať zápočet...	...give a credit...
...opakovať ročník...	...repeat one´s year...
absencia/neprítomnosť	absence
diplomová práca	final-year dissertation
diplom	diploma
dizertačná práca	thesis
štipendium	a grant
...udeliť štipendium...	...give a grant...
...absolvovať univerzitu...	...graduate from a university...
promócia	graduation ceremony
Dnes nie je vyučovanie.	There are no classes today.
Nerozprávaj počas vyučova-nia.	Don´t talk in class.

Hodina sa skončila.	The lesson is over.
Hodina odpadla.	The lesson has been cancelled.
Školu skončím v roku 2005.	I´m in the class of 2005.

poznámky

poznámky

poznámky

ZOZNAM POUŽITEJ LITERATÚRY

KUBIŠ, L.: Konverzačná príručka angličtiny pre pokročilých. Bratislava, SPN 1980, 298 s.

PEPRNÍK, J.: Anglický jazyk pro filology. Praha, SPN 1984, 432 s.

SOKOLOVÁ, K.: Finish. Anglicko-slovenský slovník športových výrazov. Bratislava, SPN 1996, 124 s.

HNUK von WICHER, H.: English Grammar. Praha, NS Svoboda 1998, 423 s.

PYTELKA, J. – GAVLASOVÁ, M.: Angličtina pre prevádzku hotelov a spoločného stravovania. Bratislava, SPN 1988, 119 s.

WEBSTER´S New World College Dictionary. USA, Macmillan 1999, 1716 s.

MAREŠ, J. – GAVORA, P.: Anglicko-český slovník pedagogický. Praha, Portál 1999, 215 s.

ANGLIČTINA NA CESTY

Jazykové vydavateľstvo KNIHA-SPOLOČNÍK
Belinského 18, 851 01 Bratislava,
e-mail.:knihaspolocnik@knihaspolocnik.sk
www.knihaspolocnik.sk